[美] 查德·拉特利夫（Chad Ratliff）帕姆·莫兰（Pam Moran）伊拉·索科尔（Ira Socol）　著

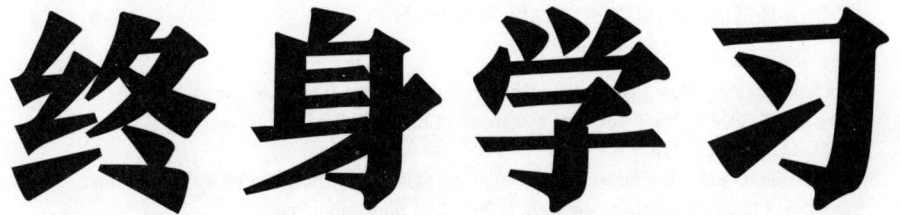

How Imagination, Observation, and Zero-Based Thinking Change Schools

终身学习

让学生在未来拥有不可替代的决胜力

中国青年出版社
CHINA YOUTH PRESS
中青文传媒

图书在版编目（CIP）数据

终身学习：让学生在未来拥有不可替代的决胜力 /（美）查德·拉特利夫（Chad Ratliff），（美）帕姆·莫兰（Pam Moran），（美）伊拉·索科尔（Ira Socol）著；韩小宁，刘白玉译. 一北京：中国青年出版社，2020.9

书名原文：Timeless Learning: How Imagination, Observation, and Zero-Based Thinking Change Schools

ISBN 978-7-5153-6056-0

Ⅰ.①终… Ⅱ.①查… ②帕… ③伊… ④韩… ⑤刘… Ⅲ.①教学研究 Ⅳ.①G420

中国版本图书馆CIP数据核字（2020）第095902号

终身学习：让学生在未来拥有不可替代的决胜力

作　　者：[美] 查德·拉特利夫　帕姆·莫兰　伊拉·索科尔

译　　者：韩小宁　刘白玉

策划编辑：肖妩嫔

责任编辑：肖　佳

文字编辑：王诗悦　周楠楠

美术编辑：靳　然

出　　版：中国青年出版社

发　　行：北京中青文文化传媒有限公司

电　　话：010-65511270/65516873

公司网址：www.cyb.com.cn

购书网址：zqwts.tmall.com

印　　刷：大厂回族自治县益利印刷有限公司

版　　次：2020年9月第1版

印　　次：2020年9月第1次印刷

开　　本：787×1092　1/16

字　　数：180千字

印　　张：17

京权图字：01-2019-2526

书　　号：ISBN 978-7-5153-6056-0

定　　价：49.90元

赞誉之辞

学校自身不会转变。但是管理人员、教师和工作人员必须亲历转变，并与每个学生一道开创个性化、有意义的学习旅程。作者坦诚分享了这一旅程：从实践中学习，克服财务政策的限制、实体空间的约束、对未知的恐惧以及拒绝改变的心态。激励和信任师生，使他们能够共同创造新的学习方式，更好地为智能机器时代做好准备。读此书将令你全身心投入。这实在是一本鼓舞人心、极为实用的书！

——埃德·赫斯（Ed Hess），
《谦逊是新智能：反思智能机器时代人类的卓越》一书的合著者，
工商管理教授、弗吉尼亚大学达顿商学院驻校行政人员

仔细思索《终身学习》一书中的工具包，人们会为之震惊，思维将更加开放。同时，我们也拥有了一个开放空间，可以为学校必须开展的关键

性改革做准备。三位作者对过去这种过于注重学术的教育方式进行了X光般透彻的分析，极具启发性。同时，他们抛弃传统，满怀信心地创新改革，冲破旧的壁垒，开辟新的教学领域，推进基于现实世界的学习方式，推动所有学习者都渴望的教育模式，因为这一模式深深扎根于对所有孩子的深切的关爱。此书是为21世纪所有年龄段的学习者提供的必读"工具包"。

——约翰·亨特，

世界和平游戏基金会首席执行官

作者质疑各种制约因素是当代进步教育的障碍这一观点。他们在整合创新技术、教学实践和学习环境的过程中，展现出系统性思考和战略设计如何能够带来十年前难以想象的学习机会。

——理查德·库拉塔，

美国国际教育技术协会（ISTE）首席执行官

创客学习使学生有机会探索个人感兴趣的观点。我们允许他们去找出并解决与其生活息息相关的问题，并给予他们发言权。帕姆、查德和伊拉与社区成员合作创建的学校支持创客学习过程和学习空间，在满足学生和成年人的学习需求和愿望方面具备一定的流动性。在这一具备丰富知识和直接经验的主体的支持下，本书的内容将会启发读者，促使他们为现在和未来的学习者构建学习架构提供想法和思路。

——拉克莎·华盛顿，

加利福尼亚州康普顿市本杰明·戴维斯中学校长

　　本书是弗吉尼亚州现代进步教育的体现，也表明了学校和地区领导者在创建良好学校体系，以帮助青年和成年人更好成长和发展方面所起的重要作用。有志于对教师和学生赋能或者将来要投身于公共教育的教师工作者，都应该读此书。多年扎根于课堂、学校及地区教育管理方面的经验，使得几位杰出的教育工作者得以分享他们的设计蓝图：青少年可以自主学习，并与教师共同创造知识的学习空间设计。这一蓝图的核心在于，师生应该共同创造对他们有意义的学习环境。

——杰西卡·帕克，

科学博物馆教学与学习部主任

TIMELESS
LEARNING

前 言

关注与理解每一个孩子

教育的中心应该是孩子。教育机构之所以存在，最终目的是为了孩子。然而，在各类有关教育的探讨中，孩子却时常被遗忘。太多时候，参与教育的成人不会关注到孩子。他们关心的，是课程；是标准化考试；是考试成绩；是课程表；是五花八门的技术。他们关注的，是资助政策之争；是数学和阅读竞赛；是公立学校之间的相互竞争；是教师工会内部的纷争。他们关心学校运营的方方面面，却唯独忽略了学校是为谁而存在的，是为了孩子。

《终身学习》这本书将我们的注意力转到了孩子身上。作者恳请我们每一位教育工作者都能够关注到孩子。他们通过自己的亲身经历让我们明白，当教育更多关注到孩子时，学习情况会大有好转。

当我们用心去观察孩子时，就会认识到：孩子是多元化的。当他们来到学校时，方方面面都迥然不同——无论是天赋还是对于学习的热情、掌握的技能、知识，或是人际关系、性情、态度以及个人经历等，每个孩子的优点和缺点都各不相同。他们身上都有值得欣赏和有待长进的地方。每个孩子都拥有值得去实现的梦想，又都有我们可以满足的某种需要。

当我们用心去了解孩子时，就会明白：每个孩子在成为学生之前，他们首先是人。每个孩子都拥有自主权这一基本人权。他们需要尊重、自主，需要学习如何去爱人以及被爱，成年人也应该给予他们机会去为他人创造价值。在学校里，每个孩子都应该像成年人一样得到平等对待。

当我们深入去理解孩子时，就会意识到：每个孩子天生具有学习能力，尽管他们感兴趣的或擅长的，并不是成年人所看重的。所有孩子都是富有好奇心和创造力的。他们渴望去探索，去试验，去表达。他们很自然地、自发地想要学习新事物。因此，当他们对于我们希望他们学习的事物不感兴趣时，应该反思的是我们自己，而不是去责备他们。

当我们努力去关注孩子时，也会最终理解：学校是为了满足孩子的利益而存在的，而不是与之相反。不同的课程是为了给孩子提供学习的机会，而不是限制他们去探索。标准考试是为了给孩子的学习提供指南，而不是去评判他们的价值。各类考试和测评是为了辅助孩子的学习，而不是去羞辱他们，给他们贴标签。假如我们真的这样想，就绝不会允许孩子的学习要受制于课程表、教学标准以及各类考试了。

《终身学习》是三位勇敢的教育家的日志。他们踏上了致力于更加理解孩子的征途。在本书中，伊拉·索科尔、帕姆·莫兰和查德·拉特利夫将他们这次旅程如实地记录了下来。这是一次令人兴奋异常、无比愉悦，又饱含情感的旅程，目的地是：未来。"在那里，所有的孩子都会在学校成才，是因为他们丰富多样的兴趣爱好，广泛的个人经历，以及他们的认同感，尽管他们依然是迥然不同的。"一路上，他们将自己看作是谦卑的学习者，承认自己也是会犯错的凡人，所以，他们可以尽情地展现在旅途中的沮丧与愉悦、跌倒与奋起、挣扎与欢喜。

在很多方面，帕姆、伊拉和查德都不过是普通人。他们反思自己学生时代的生活，并意识到他们是迥然各异的。像所有人一样，他们每个人在求学阶段都时常交好运，有时也会霉运当头。而对自己经历的反思如此之深刻，使得他们因此而卓尔不凡。当他们从事教育行业时，他们意识到自己有能力做出改变，可以让学校成为像他们一样的孩子们更喜欢的地方，而且，他们不只是停留在理想上，更是一步步行动了起来。

他们在一所普通的学校里实施了一系列的变革。这所学校和美国所有的学校一样，要面临各种令人窒息的考核，遵守各种教育政策。如同世界各地的学校中寻求改变的教育者一样，他们也面临着诸般挑战，如惰性、阻力以及一套老掉牙的教育范式。他们也承受着所有寻求改变的人都会有的焦虑：他们无法保证自己一步步计划的改变会被接纳，也没有人能够保证一定会成功。他们预料到会有风险，于是相互学习，充分准备，进而采取行动。这一行动是"迅猛的、又是经过深思熟虑的，致力于改变我们沿袭的这一教育体系"。

但他们深知，所做出的这一系列改变，也并非是一蹴而就、一劳永逸的。恰恰相反，在他们每做出一些改变，解决一些问题的同时，又会出现新的问题。于是，一旦要做出实现改变的行动，就仿佛踏上了一条不回头的路——改变，一直在发生。作者深知他们渴望实现"让世界上的每个孩子都有机会获得成功"这一理想，但是通往这一理想的道路却是漫长又艰难的。

《终身学习》这本书并不是本菜谱，尽管里面提供了很多配方，可以做出美味可口的菜肴。这本书也并不是一副详尽的路线图，尽管里面提供了许多经验丰富的旅行者给出的指引，可以借之在教育改革这一艰难的处境中曲折迂回。阅读此书，读者会感受到作者是极富正义感之人，志在将自己所经历的错误纠正过来。他们不想再看到更多的孩子在"徒有其名"的学校里忍受煎熬，而是给孩子们提供帮助。更重要的是，他们渴望学校能够更加理解孩子，更好地帮助其成长。

眼下，是教育的关键时期。人类社会正在经历前所未有的巨大变革：世界政局动荡、贫富差距不断加大、环境恶化、种族紧张关系日益升级、民族主义蔓延、科技变革日新月异。所有这一切，都在影响着未来世界。那时，我们的孩子将会成为主宰，我们（至少我们中的一些人）将会退出舞台。未来是极为不确定的，如何让我们的孩子准备好迎接这不确定的未来，也是极为困难的。这也是为什么有关如何上大学、如何找工作、如何面对未来的教导会变得异常盛行，尽管这些思想本身是很荒谬的。我们的孩子无法预备好自己，进入一个我们为他们创造好的未来。相反，他们需要自己去创造未来。而他们能否让未来（包括我们的退休）更加和平繁荣，取决于今天我们在学校为他们所做的。这一切，应当从了解孩子开始。在由帕姆、伊拉和查德所主导的这次旅程中，请记住以下几个问题：

当你看到学校时，会想到什么？

当你在课堂中观察时，会想到什么？

当你看到在操场上、马路上或者公园里的孩子们时，会想到什么？

学习，意味着什么？

成长，又意味着什么？

赵勇

堪萨斯大学教授

华东师范大学教授

引 言

我们如何看待学校与学习

当看到学校时，你想到了什么？当看向教室时，你想到了什么？当看到在操场上、街道上或公园中嬉戏的孩子们时，你想到了什么？当看到一群少年聚集在角落里时，你想到了什么？当看到两个男孩子相互扭打在一起的时候，你想到了什么？当看到三个男孩子相互推搡时，你想到了什么？当看到两个14岁的少年想办法逃避你的视线以便让彼此有更多关注时，你又想到了什么？

学习，究竟意味着什么？成长，又意味着什么？

要回答这些问题，都要先明白应该如何看待以及如何理解我们所看到的。然后，将我们从观察中所产生的想法转化为有效的行动。这一切，都是为了孩子。

本书会讨论多个话题，但写作本书的初衷是，我们希望持续鼓励教育界同仁和广大读者能够更好地理解孩子们。一旦能够清楚地了解到孩子们在学校内外的状态，我们就可以采取迅猛、及时又深思熟虑的行动，来改变我们沿袭的这一教育体系。

本书会首先谈及促使每个人采取行动、做出改变的因素是什么。尽管我们各自负责不同领域的工作，背景也各不相同，却都怀着相同的热心，致力对过去和当今的学校教育所肩负的愿景做出改变。

伊拉的故事

伊拉曾经从事过不同的职业，但都是致力于帮助他人。这些人有的是罪案受害者，有的是无家可归之人。后来他意识到，所有的受害人都是从童年时期就开始遭受侵害。施暴者有时是假借抚养孩子之名，有时是假借教育孩子之名，或者两者兼有。于是，他转行到了教育行业。这段人生经历，他在另一本书中也有谈及，这里再次谈及，是为了帮助各位在一定程度上了解他曾经和现在的为人。他所经历的这一切，使得他日复一日地从事现在所做的工作。他本可以做一些更为轻松的工作，下班后待在家里，或者去阿巴拉契亚国家步道（Appalachian Trail）来个一英里的远足。但如果他能帮助哪怕一个孩子克服读写障碍，并拥有更好的未来，这一切就是值得的。他之所以这样做，是因为他本人也经历过类似的悲惨童年。下面描述的是他的童年生活。直到高中时他遇到了一位老师，这位老师看到他身上的潜质，而非只是指出他的缺点，他的人生才有了大不同。

　　我的生活有些不一样了。我回到了特殊教育性质的小学。那里有资源教室，还有座塔，有各种考试和分析，只有在逃课或体育锻炼时才能休息。我们秋季打橄榄球，冬季打篮球，春季打棒球。我在橄榄球队默默无闻，尽管比赛时可以轮流做中卫。但我更喜欢篮球和棒球，打篮球时我可以做控球后卫，打棒球时又可以做接球手。而我怀疑，那些教练们不过想借此让我能待在学校罢了。我应该去上过几次课吧，但只是坐在最后一排，尽可能不去跟所谓的教育沾边儿。这么做其实挺轻松的。因为我和老师们长期处于"不稳定的休战"状态。哪怕是有善良的、出色的、温和的老师试图要"走进"我的世界，都被我拒绝了。我当时给人的印象，虽不能说一直是桀骜不驯的，但至少也是完全置身事外的状态。

　　我开始放空自己了。其实我经常这样，至少从了解学校每天日常活动那天开始。但并不是一直都这样，当然不是了。有时我接连长达几周、几个月、几个季度，甚至有时会一整年都很清醒，也取得了显著成就，至少按照那些欣赏我的人的标准来看。但是这一连串的成绩又会伴随另外两种节拍存在——崩溃和放空。崩溃是不言自明的，而且也会有终结的那一刻。我承认，这并不是你所想的终结。即使是最想要自杀的人，不论他多么迫切地想要到另一个世界去，但当他从屋顶跳下来之后，肯定也会有害怕跌落地面的瞬间吧。当我处于那个阶段的时候，我很清晰地有这种崩溃的感觉，这跟放空感不同。当放空自己时，会让自己切断诸多与外界的联系，尽管依然要忍受痛苦的袭击感。实际上，放空自己意味着意识进入真空状态，这会使得身心都极端痛苦。这时，我似乎被周遭的一切驱赶着在校园中乱晃。荧光灯发出的嗡嗡声变得刺耳；走廊里的脚步声像锤头一样敲击着头颅；粉笔灰的味道似乎要令我窒息；老师说话的声音使我不堪其扰；储物柜上锁的动静也会使我如受重创。那时候，没有什么东西能够带给我安慰，不论是酒精、大麻，还是尼古丁，这一切都丝毫不能减轻我的痛苦。

查德的故事

查德出生在弗吉尼亚州蓝岭山脉脚下，也在这里长大。在学校里，查德并不是那种会讨好老师的人。相反，他会想法设法逃避写作业。他摸索出来了一套跟学校对着干的策略——如何尽可能少费力气通过考试和顺利毕业，而到下课后，他就肆无忌惮地玩耍了。这种努力的行径，或者说，消极努力的行径，直接导致他上了大学后，用了远不止四年的时间，才勉强修完本科阶段的学分。

幸运的是，当他辗转于各大学和学院之间时，他遇到了之前自己非常仰慕的一位老师和教练：汤姆·菲茨吉本斯，这位老师目前担任查德故乡所在城市市中心一所高中的校长。他通过"互换教师教育项目"给查德提供了一份助教的工作，上课的地点在一所教堂的底层，所在社区是当地最为糟糕的地区，有些学生有严重的心理创伤。在那里，查德成为传说中的摔跤教练斯宾塞·张的弟子。查德的生活发生了不可思议的转变。这份工作不是为了追求高分，不是为了养家糊口或者与教育对着干。查德这次不想再耍滑头了，他想改变世界，通过教育的方式。

在这座曾经沉睡却经济繁荣的城市，如今变得想找一份工作都非常困难了。查德童年时期的中产阶级生活现在已经很少见了。曾经盛极一时的纺织企业和家具企业在资本主义经济萧条的大潮中纷纷倒闭，失业率一度飙升到全国最高，进而导致犯罪率的提高。查德的学生开始越来越少，有的成了罪犯，有的则倒在了罪犯的枪口下。

现如今，查德是一位父亲。他的孩子所在学校的老师们会把每个学生首先当作孩子来看待，也非常关心他们。无论是校内还是校外，查德都很清楚他的孩子们可以拥有高水准的教育环境。尽管如此，每一天，查德都会扪心自问："公立学校究竟应该怎样做，才能保有持久的使命感，帮助每个孩子成才呢？"

查德曾经看到过有的学校更关注通过考试，而非试图满足学生们方方面面的需求；他也曾经见识过有的学校任由教师在课堂上实施满堂灌式教学，而非让学生们动手去参与实践。不过，他也曾见过，当给学生提供多种途径，给予学生自由，让他们去设计、创造、制作、施工和建造，让他们自己把握学习时，情况会大不相同。

对有些人来说，如果学校注重培养学生的创造力、团队合作能力、逻辑思维能力、进取精神，这对于学生的成长很有帮助，花高额的学费也是值得的。对于那些对生活感到无望的孩子，这样的环境就是他们的生命线。

近十年来，查德一直在做教师和教练，试图与这个城市的文化萧条相抗争。当地报纸曾经一度对他的学生予以赞许，认为他们在体育馆内外都取得了不俗的成就。有时候也会提到那些已经丧命或者关到监狱中的年轻人。曾经忙碌的工厂和工作所承载的希望和梦想，如今已经烟消云散了。社区互助和进取精神也沦落为街头黑帮和毒品交易。

多年后，查德在看完由戴维斯·古根海姆执导的电影《寻找超人》后，提笔写了一封信。这封信中提及的感受从他当初刚回到学校就一直都有，只是都被他压在心底了。如今，他依然在持续学习，试图用自己当下的工作来改变孩子们的未来，而且，这条路，他想一直走下去。

致德尔文、泰尔、尼克、乔什、林伍德、安东尼、查德、安东尼·E、柯尼特、杰森、塔莎、斯蒂芬、多米尼克、沙文以及那些没有提及名字的孩子们：

我时常回想起你们。在我工作快满十年时，我曾经在你们的高中工作过。你们曾经在我的班级，在我的训练队，或者在我参与的某个项目里。

但是，我让你们失望了。

常规工作时间之外，我没有怎么给你们提供过帮助。我也从来没有拜访过你们的家人，告诉他们你们很棒。在工作时间之内，当你们想要找个地方安静写作业时，我没有邀请过你们来我的办公室。也没有邀请过你们和我一起吃午饭，借机聊聊上大学、世界观、你们所具备的潜质，或者教你们怎样不惹上麻烦。

在别人面对同样的挣扎时，我曾经帮助过他们。只是，对你们，我却从来没有这么做过。

我想说，我不是故意这么做的，只是时间不够用了。而且最后，我的体力和精力都透支了。当初我知道，其实我有能力给你们更多的、更好的影响，将你们从自我毁灭的歧途拉回来，但是我并没有那么做。想到这点，我彻夜难安。最后，我不得不暂时离开教育领域了。

后来，我重返教育领域，在另一个地区工作。我不再参与教学，甚至也不在学校里办公。但我又时常想要回到"战场"，和你们并肩作战。后来，我在一所小学里担任代理校长。在那里，我遇见了一个年轻人，这个人时常让我想起你们。他总是麻烦缠身，怒气冲冲的。

无论是校内还是校外，我给他打过几次电话给予过支持，但对于他，就像当初对于你们一样，我深深感到自己无能为力。一天下午，当从学校里走出去时，我哭了。

我哭了，是因为这一切我都明白，却无力改变。

我知道，不论他怎么努力，不论我们怎么关心他，不论他考试分数多高，他的未来还是充满了不确定性。或许，以为自己短期内做过他的老师，就可以帮助他摆脱贫困的艰难处境，这未免太天真了。但是，我非常坚定地认为，我们必须要这么去做。就像老话说的，"如果不是我们去做，那谁来做呢？此时不做，更待何时呢？"

我保证，我从没有忘记过你们，也不会忘记你们教会我的。我会拼尽全力为每个孩子提供最好的教育机会。各种铺天盖地般教育方针的宣传使得前路难行，这点你们不会明白。但因为你们，我时常提醒自己，要排除万难，勇往直前。因为，我们的人生，取决于教育。

帕姆的故事

帕姆是个好学生。她总能取得好成绩，毕业时也是班里的尖子生。她不但可以流利阅读，而且阅读能力是十分出众的。和查德不同，她在学校如鱼得水。和伊拉不同，老师不会拿智力或身体缺陷当武器来对付她。和伊拉相同的是，自从上小学开始，她就一直在思考一个问题：为什么学校对有些人来说是家园，而对其他人来说，则如同战场？

帕姆在公共教育领域工作了四十余年，她一直观摩和学习那些从事教学的杰出的教育工作者们。一路走来，她自己的职业生涯也一直在发展。从一名普通老师到行政主管，一个困扰她多年的问题是"为什么有的教育工作者不断发展和变革，而有的人却原地停滞不前呢"。后来做了教学主管，她才意识到，当她还是一名年轻的行政人员时，她就开始思考的这个问题，不单单应该是从个人层面去思考，也应该是从学校和所在地区层面去思考的。她也了解到，改变并非始于主管办公室的"批量授权"，而是应该先让教育工作者们聚到一起，来了解何为西蒙·斯涅克（Simon Sinek）所说的"激励型领导者的黄金法则"。他认为，要对现状进行深度变革，"要始于为什么"。

数十年前，帕姆在一篇学术论文中，试图解答"为什么有人会做出改变？"这个问题。她询问了一些在教学实践中做出改变的老师们，得出了一些简单而又复杂的答案。那些在教学实践中不断改变，并取得很高成就的老师们似乎都有些共同之处。首先，他们坚信自己能够改变学生的命运。他们不断探究，了解学习者的需求，这曾经被称为**孩子观察**。为了使教育保持持久的成效，他们会寻找敢于直言的"诤友"，帮助他们反思在接触每个学生过程中所遇到的挑战，并获得真知灼见，了解当学习者无法有效学习时，自己可以采取的做法。他们愿意尝试新方法来帮助每个学生。他们有一种信念，并展现出掌控能力：他们可以通过与年轻人共事的方式来改变他们的命运，帮助他们获得成功。早在1997年，这些卓有成效的教育工作者们已经意识到，让年轻人以一种真实、可感的方式学习，有助于使他们建立起自己与世界的联系，寻找到生命的意义。

帕姆的文章中提及的老师们各不相同，但他们都展现了教育工作者们无穷的智慧，他们为每个年轻人开辟了道路，使得他们可以走上终身学习的旅程。她认识到，最好的老师教导年轻人更深入地认识生命，而不单单只是学业。这样的教师在给学生保驾护航时，更关注的是他们在学习过程中是否感受到快乐，而不是他们是否通过了人为的标准化考试。他们知道，学习劲头十足的学生会突破茫茫无边的死记硬背的学习内容，继续追求他们的兴趣和热情所在。而前者最终将会随着时间流逝慢慢消退。这样的老师深知对话的力量，时常会针对科学、历史以及敢于挑战现状的作者们的著作进行辩论。他们明白学生的好奇心和提出的问题，会帮助他们对自己生活的世界有更深刻的探究。在探索和尝试实践人生这门大课时，学生们会借助身边的成人和伙伴的专长进行设计、创作、建造和制造，对他们所展现出来的能力，教师深以为然。

数十年来，帕姆一直留意到，每个教师、学校员工、地区主管都在努力制订多种计划来改善学习状况，这与那些最杰出的教育工作者一直致力于打造一个帮助年轻人转变为积极学习者的环境的想法不谋而合。不过，她也曾目睹过付出的努力并不奏效的局面。尽管当时厚厚的一本"三孔活页夹"曾经风靡一时。所谓"三孔活页夹"，即制定目标和策略，提供随时都有的、细致全面的职业培训以及长达数页的评估机制，用以改善教学和行政工作，使之更加标准化，更加有成效。最终，她得出结论，要想减少学生在校学习的随机性，使之更加连贯和优异，这条路，没有捷径可走。实际上，每次当她听到使用"按比例扩大""对……进行标准化"等字眼来讨论学习者和学习时，她都对此不以为然。因为这样的做法与教育工作者致力于创建一个健康、活泼、系统的学习环境的理念背道而驰。多年来，她倾听教育工作者的心声，了解到这一理念，并对此深信不疑。她在论文中对三位教师进行采访和观察，并记录下了这一永恒的思想。

康博伊是一位小学教师，她发现，鼓励学生将自己看作是某个学习社群很重要的一员，有助于营造一种氛围，他们可以以学习者的身份互助。并且在进行混龄教学时，她会刻意鼓励学生对学习进行深入思考，并彼此交流想法。换句话讲，她会刻意创造一种环境，让学生们的观点可以得到重视。

我期待他们（一年级的学生）能够积极参与到学习活动中来，并且能够彼此帮助。帮助别人并不意味着直接给出问题的答案，而是陪在他人身边给出引导。我教的三年级的学生会和一年级的学生共学，这真的很美妙。现在，在一年级的教室，我想让人们看到的最醒目的一幕是，学生们自己在努力解决问题，他们在努力搞明白怎么阅读、怎么书写，以及怎么做数学题。对我来说，这是最重要的。我很为这些孩子感到骄傲，因为他们非常努力，而且这是持续性的。他们中有些刚开始甚至不认识字母的发音，但现在他们可以将自己想要表达的想法写在纸上，供他人阅读了。

　　大卫是一位中学老师，他和康博伊很相似，但又有些不同的看法。他对学生学习的评价更多是从学生自身出发，而不仅仅只是看考试分数。他在工作中坚守自己的理念，即学校教育应是帮助学生找到自信，将来能够学有所成，并且找到生命的意义。

　　想起一件事情。那天我决定再也不使用课本教学了。首先，我像往常一样开始上课，请学生们大声读书，也让他们轮流朗读。刚开始时，他们都老老实实地坐在椅子上，然后我让他们站起来，把书丢到地上，我让他们在自己的书本上下蹦跳十分钟。然后我们把书都放回了书架上，这应该是我最后一次使用课本了。那天我做出决定，想要把角落改造一下，做点别的，这个决定有点出人意料……我觉得比起对工作的热爱和兴趣，满意度已居于次要位置了。于是我不断改进工作方法，现在完全是项目导向型了。我们一个接一个地来做项目。学生们选出一个感兴趣的话题，进行研究、策划等活动，并给小学生教授课程。在此之前，我们会一起做"戈德堡老鼠陷阱"（即小题大做）的游戏，来展示能量转换和能量转移，教室变得一团乱。甚至有乐队参与，我手里还拿着钻孔机，整个教室看上去像个杂货店一样。

　　我感觉我们所做的，与考试的适应模式大相径庭。一方面，你希望所有人都能成功，却只用单一的标准去衡量成功。或许州级考试只不过是低水平的基础测试吧。我认为，与我交谈的某个学生（他一直疲于应对考试）也可以成为一个成功人士，并且如果我做得很好的话，可以帮助他有胆量在班里大声朗读，这样他将来当爸爸了，就可以读书给孩子听。我很支持他们。你应该读书给孩子听的，而这种能力，在课程表上体现不出来。我认为很重要的一点是，教会他们如何为人父母。这是他们将来要面对的。而这又如何能衡量呢？

最终，这位高中数学老师——黛安，选择了反思性实践这一对她个人成长和发展极为重要的做法，甚至在反馈回路中也包括了她的学生们，以便她可以了解对于学生而言，哪些方法是有效的。在教学设计中，参与度高的学生会和黛安老师一起，为其他学生提供帮助，并对学习者体验做出评价，以此来找出数学教学与数学学习之间的关联。学生也有机会在成功解决数学题之外，很好地锻炼批判性分析能力。

每次和学生们一起尝试新方法时，我都会记录这种新方法是否奏效。如果新方法不是很奏效，我就会先停下来思考这是否有正当的理由呢。比如，准备不充分，或者因为这与他们正在做的事情不相干。我也会问学生们，怎样做能够让他们觉得更轻松。总有一些人会回答："如果你再这么做的话，试试这样，试试那样。"这时，如果你不想下次尝试是个噩梦的话，还是好好听一听他们的话吧。

这三位老师的访谈是在20世纪末开展的，他们所在的班级跨度多达九个年级，这反映出很多当今人们提及的21世纪的学习技能——他们看重合作、沟通、批判式思维以及大脑的创造力。比起在校学习，生活中的学习与创造力的关系要紧密得多。帕姆曾经对肯·凯说，21世纪教育领袖的执行官（EdLeader 21）认为，21世纪的学习技能实际与其他时代的学习技能并无差别。真正使得21世纪的合作、沟通、批判式思维以及创造力（英文分别为Collaboration，Communication，Critical thinking，Creativity，简称4C）与以往不同的在于，科技的力量使得人工智能飞速发展，并用以解决人类如今所面临的前所未有的难题。

当帕姆回顾自己从事的教育事业时，发现她曾经认为的20世纪优于其他时代的一套教与学的方法，如今再看似乎变得无比荒谬了。但值得肯定的是，我们有机会选择一条过去的教育工作者走过的道路——他们明白，当学生及其教师共同追求终身学习时，他们创建了一个教育生态系统，这个系统不断演化，他们在其中得以繁荣生长。为了创建这样的教育体系，如今的教师们可以回顾初期教师们打下的良好根基。他们懂得学习可以是多空间的，可以在洞穴中，也可以在篝火旁、水坑里。我们所使用的教学工具和所学习的课程一直在随着时间变化。

但为了在当今的世界学有所成，教师和学生必须要使用一套连贯的新旧教学技术和工具来设计、构建、创造、制作和构造学习过程。神经科学研究清楚表明，学生按要求坐成排，面对着对面的老师满堂灌地讲课时，他们的大脑不会有效参与进来。而这恰恰是扎根于20世纪的"学生排排坐，铃声上下课"的上课方式。如今，我们知道这种遵从导向的教学有的人很喜欢，有的人跟不上，有的人则被迫离开了学校，哪怕是义务教育阶段。历史清晰地告诉我们，20世纪的学校设计是用来淘汰学生的。现在的需求也很明显，21世纪的学校必须设计成人人可以成才的环境。

当帕姆老师带着四年级学生与来自同一地区的约翰·亨特（他的世界和平游戏及纪录片在2011年TED演讲后迅速流行开来）一起参观五角

大楼时，她不会想到后面会发生什么。约翰邀请学生们与决策者、将军、行政人员对话，进而帮他们结识了国务部长莱昂·帕内塔。在一整天的参观时间里，学生们讨论他们从世界和平游戏中学到了什么，《孙子兵法》这本书是否应当阅读，或者与其他国家的人谈论气候变化政策。以上种种，是他们在进行"体验式全球社区模拟游戏"的数周时间内必须要解决的问题。多年以后，帕姆回忆起那一天，让她感到很意外的是，一位五角大楼政策专家评论说，他真希望有更多的学校能够教给学生在解决问题过程中如何发挥创造力和批判性分析能力，从而解决宏大的难题。他还说，在当今的时代，世界上既没有标准化的难题，也没有标准化的解决方案。那天晚上在返校校车上，约翰对帕姆说：

当我们移除挡在孩子们面前的障碍或来自人的妨碍时，我们看到了他们的能力。他们有些人已经是某些问题的行家了。我们需要让他们的长处得以发挥和长进。

在这个相互磋商越来越难的世界，为了能对学生的教育尽一份力，学校应该概念化为"生态社区"，即成为一个学习空间。其中的学习者具备一个生态体系的所有特点：互动性、多样性、相关性、适应性、连贯性以及平衡性。这些概念可以成为我们观察和了解学校的窗口，并思考是什么使得有些地方的学习事业欣欣向荣，而有些地方则死气沉沉？

本书中，我们会制作一幅地图，其中包含了我们认为有必要从学校淘汰的一些教学过程，这些大都是内容驱动、成人主导的旧规范。而情境驱动、学生主导的学习空间则是新的规范。我们所看到的和所经历的在本地以及和外地教师一起合作的工作中所取得的成就，促成了这本书的写作。本书并不能提供任何成功的秘诀，而是提供一些简单的过程，可以帮助各位从研究千禧年教育的学者那里汲取伟大的想法，并将其付诸实践。我们演讲通常都会以这样的方式结束，"回到你的学校，学区去，从明天起，做出改变"。这并不是随意发表的评论。我们了解到"千里之行，始于足下"这一说法很好地抓住了我们的口头禅"做出改变"的核心。

我们写作此书，是因为深信，每个学区、每个学校、每个班级的每个孩子都很重要。我们认为，那些远离学生、坐在屋里的人们给出的标准化测试并不能体现出重要性；那些教师评价里给出的考试分数和学生进步排名证明不了什么；那些给学校董事和学生家长做的充满各种数据、缺乏叙述的报告也说明不了什么。我们认为，当学生们日复一日回到学校中学习，是因为他们认为学习值得付出时间去投入，这才是唯一重要的。如何知道学校对学生很重要呢？去观察他们上课之外所做的、他们自己创造的和与人分享的、他们对待彼此的方式，以及他们为他人改善社区所做的。对待学习的态度，不再是硬性任务，而是出于内心渴望。

Timeless Learning

*How Imagination, Observation, and Zero-Based
Thinking Change Schools*

第一章
每个孩子都应受到重视

CHAPTER 1

All Means All:
Cherishing Children

教师有很多机会可以干预和帮助。站出来保护他们，或者望向窗外那些操场上或走廊中的孩子，找到那个在寻找自我价值的孩子、少年、年轻人……

——伊拉·索科尔

帕姆：每一天，教师都要做成千上万个决定。回顾自己做决定的驱动因素，我发现在做决定之前，我都会问自己一个简单的问题："这个决定将会怎样使所有孩子受益呢？"

伊拉：我们国家，或者世界上大多数地方的每种学校制度，都是为了使人更加彼此隔离，这不单单指的是种族意义上的。想想那些"天才"教室、"荣誉"课程，甚至是机器人俱乐部吧。然后再看看学校里暂时休学的学生，看看那些充斥着死记硬背的学习、漫天飞舞的练习题单页的教室吧。你会发现人们根据种族、教室和能力是否有缺陷，对学生进行区别对待。

查德：所以，我们才需要让每个学生都能体验到丰富多彩、可参与的学习活动，而这跟竞争没有关系，这是有关发现每个孩子身上所具备的出类拔萃的天赋、道德和兴趣的过程。当我们创造出一个孩子们可以找到某种热情的环境，这足以使他们对于上学的兴趣更强烈。这并不是说他们要直面竞争，尽管他们可能会。但是，我们需要摒弃一种观念，认为我们自己的孩子要想成功，别人的孩子必须要失败，或者要乖乖认输。这其实是亟待解决的另一个难题。我认为，教育创客——人如其名——就是解决这一难题的关键途径。

为孩子做真正有意义的事

教师经常要面临各种阻力，使得他们无法做出真正使所有孩子受益的决定。如果你的孩子是那最优秀的10%，按照当前的标准，他们在学校中如鱼得水（一路在高中遥遥领先，最终被哈佛大学录取），然后找到一份专业性工作，那你肯定是希望学校能够维持现状的。光这一点就造成巨大压力，使得教师被迫保持现状。

家庭作业、分数、课程安排、分级课程、能力分组种种，是如今的教师从老一辈教师那里传承来的教学策略。根据经验、数据和研究，这样的做法与学生的需求背道而驰。他们渴望充实又丰富的课程、可以参与其中的学习、有挑战性的功课，以及与重要的成人建立起良好的关系。20世纪的学校改革创造了与我们的父辈不同的教育环境。他们那时候只有"什么可以做，什么不可以做"。渐渐地，我们的父母、教师和学校社区成员们都对此习以为常了。

主流社会所持有的文化偏见，使得人们丧失了对于改革的兴趣，也找不到理由这么去做。因此，由过去的数代人建立起来的学校结构，几乎从未改变过，直到如今。这样的偏见也在潜移默化地影响着我们对待孩子的态度，并且在学校处处可见——那些被公认为成绩好或者有天赋的孩子，比起那些被看成"需要额外关照"的学生们，通常可以得到特殊的或者更有趣的学习体验。而"额外关照"通常意味着枯燥乏味、没完没了的作业与练习。

在当今美国，如何为所有的孩子们开创一条通往公平和机遇的道路，仍然是一个巨大的挑战。我们可以列出所有的困难，并给出长长的解决方案。我们也明白，面对家庭和社区贫困，教育工作者们对此是有心无力的。我们能够决定的，就是在学习的空间里，自己要多多少少做些什么，能够更多关注到孩子们、注视他们的脸庞，倾听他们的声音，了解他们的长处，帮助他们发现自身价值。而这不是偶然发生的，而是学校共同体不断努力的结果。学校充分调动资源，使学习者真正参与到学习中来，不单是提供更多的机会给学生，更是致力于创造机会，激发他们的好奇心和兴趣，促使他们主动探寻知识，鼓励他们发问，并怀揣热情不断探索。这是一辈子的功课。

> 轮到我上场了，我决不会迟到
>
> 我说，轮到我上场了
>
> 我大步向前，拨动光碟
>
> 让世界变得更美好吧
>
> 不再有错误
>
> 不论你出身，我们一起来

更多人一起吧

我们一起庆祝

一起表演，一起欢呼

有一天，我会到达天堂的大门

那时，我会有很多问题要问上帝

我已经迫不及待了，

从出生起，我就知道自己会出人头地

因为

我有一个梦想……

　　　　　　　　——克莱恩·特罗赫，2016年高中毕业生，饶舌歌手

　　几年前，本地相关部门决定支持两位图书管理员，在图书馆内创办一间简易的录音棚，为青少年学生们提供一种新的途径，供他们创作、表演、录音和制作自己的音乐。录音棚设备非常简陋，最初只有一台旧式台式机，外加一台基础款声卡。克莱恩就是其中的一个少年。他是布鲁克林当地人，当他来到我们的高中时，刚刚结束少年管教，在找可以就读的高中学校。面对这个17岁的不良少年，大多数人认为他以后肯定会到处招惹麻烦，是非不断。可是，有一次，当他路过学校新建的一块场地时，发现有个音乐工作室建在图书馆旁边，那时，他做出了他这一生可能最重要的一个决定。他走进去，问："这个地方是干嘛的呀？"一位年轻的、具有超乎年龄的智慧的少数族裔老师走了过来，邀请他加入了新成立的工作室音乐人团队。

当时，克莱恩很有可能高中毕不了业，但他对说唱音乐的确非常热爱，还自己创作了一首诗歌，准备公开发表。十一月份的时候，校长认为他学习非常用功，但就他目前取得的学分来看，要通过州级考试几乎是不可能的。帕姆默默为他祈祷，希望他在寒假时能够赶上来，他真的这么做了。从前的度日如年，现在成了时光飞逝，学习对于他，似乎已经成为一种长时的习惯。他每天很早就到学校，很晚才离开。他会为自己、为朋友、为生物课班里同学创作饶舌歌词。他找到了自己的兴趣所在，而当他追求热爱的音乐时，他那因无法毕业即将要从高中辍学的生活彻底扭转了。帕姆现在明白，当时创建音乐录音室所做的投资，尽管后来对设备进行了升级，却也真是少得可怜。但当她看到克莱恩在舞台上挺直站立，等待喊到他的名字，从校长手里接过毕业证书时，帕姆觉得，在这上面花的每一分钱都是值得的。

公平使得教师可以调用资源，得以发挥每个孩子的长处。机遇使得学生得以展示他们自己是谁，以及他们所能做的。同理心有助于我们将他们当作孩子来看待，哪怕是那些因为贫困及其他危险因素而备受煎熬的少年们。包容有助于创造一种欢迎、关爱他人的文化，所有人都感到被社群所接纳。我们都明白，学生本身并非不可战胜的挑战，但他们的各种需要，对于为学生服务的老师，的确是种考验。我们也终于懂得，如果我们坚信每个孩子都很重要，就应当寻求共同的价值观，并做出差异化的决策，如此，我们才是在真正地关爱学生，才是和那些进步主义的教育工作者并肩同行了。

创造具有包容性的学习环境

克莱恩并非天才，他能够顺利毕业，并非由于什么神奇的干预或辅导班，而是因为他遇到了一位具有"新生势力的使命感"的老师，一位志在"改变现状"，愿意与学生一道创造一所高中前所未有的学习机遇的老师。这位老师发现了克莱恩对于创作和表演饶舌音乐的热情，不但加以肯定，也极为鼓励，使得克莱恩终于找到了理由，愿意每天回到学校，与同学们交往。这也使得这些少年们因为他们的声音、这间录音棚，生活得更加多姿多彩，进而影响了整个学校社区。的确，克莱恩成了一名真正的学习者。我们很庆幸，有克莱恩，还有很多类似的学习者的经历值得分享。他们带给我们希望，让我们相信未来可期。在这个不同于以往的、进步的时代，学校也将一改持续了一个多世纪的模样，旧貌换新颜。

我们一直在分享少儿、少年以及青春期学生们的故事，因为正是透过他们的声音，促使我们到本地、本州、本国，乃至国外，与各地的教师进行交流和互动，挑战他们固有的理念和价值观，深入思考我们所接触到的年轻人的学习空间。在这里，他们要度过长达13年的时间——每年180天，每周5天，每天7个小时，每天晚上和周末还要花额外的时间做作业。和我们一起工作的很多教师都乐于推广通过课外辅导顺利毕业的传奇故事，这跟克莱恩的经历并不相同。

令人难过的是，过去来自社会、政界和经济界对于受教育的讲述通常是基于"柔性优等生"的观点，即有些孩子有能力成为他们自己想要成为的样子，过想过的人生，而有些人，则不能。这一观点通常来源于传统教育的长期影响。这种脱离实际情况的数据和固有的偏见，我们很多人都会有，在教师做决策的时候也体现得淋漓尽致。尽管现在做了很多口头文章，如公平、机会、包容、同理心、文化反应能力以及建立关系等，今天的学校仍然极有可能重复过去的那一套，并创立学校文化。在这样的文化氛围中，以上的任何词汇都无法定义真正的教育者是怎样的，不论人们多么想成为这样的人。

埃默里大学教授、研究员路斯玛丽·加兰·汤姆森提出一个概念"宜居世界"（habitable world），可谓是教师们信奉的哲学核心。他们致力于发展并保持优良的教育框架和教育过程，影响一个个如克莱恩一样的年轻人。加兰·汤姆森将公众、政治及机构哲学看为"两种世界观——包容与优生"形式的一种。不幸的是，被运用在全国各地的学校教育实践中的教学理念仍然是软教育优生哲学，而不是创建一个可以包容接纳所有学习者的宜居环境。

大部分没有成长于中产阶级家庭，不具备诸多特权的白人家庭孩子，在入学后，会被分配到"辅导班"中，有些人被贴上"干扰者"的标签，甚至因为文化差异，还会被主流文化所驱逐。这使得对于有色人种或贫困出身的孩子来说，学校越发不适合生存了。久而久之，他们会选择尽早在合法的情况下离开学校，到一个他们可以自己做出人生选择的环境中。而他们所做出的选择，又往往有悖于社会规范。当我们说年轻人不会把他们学习的学校看作是宜居世界时，这意味着什么？不论是否有数据来源，教师们都心知肚明，家庭环境的差距会导致学校学习成绩的差距，这已经成为众所周知的、可预测的人口差异的风向标了。为了改变这样既定的人生轨迹，我们必须改变为学习者所创立的学校架构。

教育体系的各个层面做出的决策所产生的效果，通常会与"关爱每个孩子"的信念背道而驰。我们极力使用"平均"的方式对本校的学生加以描述——平均水平以下、基于平均水平，或者高于平均水平等，这样的做法对克莱恩这样的年轻人是极为不利的。克莱恩并不是个符合平均水平的年轻人。没有哪个孩子符合条件。如果我们希望自己的学校成为一个学生可以展示自己的长处的地方，我们需要给学生创造各种机会才行。这意味着，换种方式做出决策，做出正确的价值观驱动的决策，这将有助于在学校这一生态体系内促进公平、机会、包容、同理心、文化反应能力，以及建立关系等。这些都是"宜居世界"的代名词。而诸如分类、选拔、辅导、留级、不及格等字眼，则不应该出现。

变革学习：从一个好主意到学习的S形曲线文化

组织哲学有个常见的观点：如果某件事不在组织层面的战略计划里，员工就不该去做。克莱恩的经历却推翻了这个观点。

当时要在图书馆成立音乐工作室的想法并不在学校的战略计划当中，而是始于两个图书管理员看到越来越多的孩子从未进入过图书馆，也不把图书馆看作是有助于学习的地方。基于这点，查德和伊拉决定与校长和图书管理员一道，对图书馆进行改造。校长一年前就已经做出许可，允许使用一间旧储物间和两台旧台式电脑，改造成一个音乐录音棚。要将一个更大的音乐工作室建在图书馆里，图书管理员和校长都为此感到兴奋。他们也主动询问学生们，提供这样一个空间，学生们会想要做些什么？倾听学生们的想法，这很重要。图书管理员放弃了自己的办公室和储物间，音乐工作室就此诞生了。这个出其不意的举动，带来了我们所在地区的所有高中图书馆都开设音乐工作室的风潮。

有时候，来我们学校参观的人们会问帕姆这样的问题："某某想法是怎么契合到你们的战略计划中的呢？"她总会这样说，首先，地区主管制订了一个非常稳健的战略计划，这一计划也会鼓励创新实践。来访的行政人员抓住的她的关键词却是"当你有好主意时，尽情去做吧！不必等到资金到位再去做，因为学生们没有时间一直等下去"。

我们没有做的是让所谓的战略计划成为阻碍我们去做前所未有的新尝试的拦路虎。这是一个非常重要的理念差异。因为过去曾有主管告诉过我，"好吧，我们的确有很多好主意，也有一些教育创客要跃跃欲试了。但是，按照目前的战略计划来看，这些计划是不可行的"。

克里斯·祖克在《创始人精神》（*The Founder's Mentality*）一书中提到，一个经常与人疏远的、不去用心培养一个团队最初的"新生势力具有的使命感"（努力改变现状）的创始人，通常会导致公司落伍。帕姆有时会感到自己有些迷茫或者泄气，通常是因为自己出于对教育的热心要做的决定，却时常受到外力的牵制、成年人的干预，以及那些紧紧抓住现状不放的人们的影响。在变革的初始阶段，对那些探索者、先驱者和实践者给予支持是至关重要的。但是，经历了初始阶段的狂喜，接下来就是棘手的问题了。当所有人都已经习惯了变革这一惯常做法时，他们反而会失去起初的那股干劲儿。只有将一个组织学习的S形曲线扁平化，并且在合适的时机对此曲线进行积极的调整变革才能持续下去。

为实现这一点，帕姆走了一招险棋，她在经济最不景气的时候使用筹集来的资金将图书馆改造成了共享的学习空间，并提供单独的空间供学生们设计、制作、打磨和改进。允许所有的学生参与，启发他们成为真正的学习者，这一举动带来了整个地区的改变。

音乐工作室成了一个新的转折点，鼓励其他老师和行政人员们也做出改变，这带来了一系列的变化和新的交叉联系，如跨学科核心课程、机电一体化实验室、实验性学习及探究、1比1的设备展示以及学习空间的现代化等。与此同时，新颖的学习工具、空间设计以及当代教育法等也在本地方兴未艾。最终，学习文化从更为传统的一刀切的"端坐听讲"的模式变为更为多样的学习模式，如项目式任务、选择与舒适、制作、通用设计学习、教学容忍度、连通性以及交互技术的运用等。

当今教师亟须开展的工作就是，改变学校中的学习文化。文化反映社区价值观。尽管我们竭力做出改变，学校文化依然是顺从文化。要想改变这种文化的唯一方法就是不断创造条件，让人们聚到一起，对"我们为什么会在这里？"这个根本问题做出回应。

此处暂且借用通信行业的一个术语"最后一公里"，教师的最后一公里就是让每个孩子在学习社区都被接纳，成年人抛弃自己固有的偏见；走进孩子，使同情心缺乏的人也能激发自己的同情心；明白受教育是每个孩子的权利，而不是可有可无的；自发坚持公平，尽管这意味着要放弃一些自己因教师身份所享有的某些特权和资源。

教学主管凯文·卡斯特纳曾说过，我们所在的地区不是各种学校组成的体系，它本身就是一种学校体系。这是说，所有的人都应该团结起来，共同解决难题。克莱恩在高中最后一年所取得的成功要归功于社区的所有成员，不单单是他所在的学校或者他的老师的功劳。

优化教育资源配置

当克莱恩最终通过了各种考试，顺利从高中毕业时，教师应该从中受益良多。不仅如此，他也使得学校社区的所有成员（包括校董事会）没有把他当做是个中下游的学生，而是与众不同的很有才华的一个人。正是因为有了接二连三的机会，他的才华才得以展现。我们也从一个个年轻人的经历中学习到，教师不单单给学生提供机会，并且他们极力为每个学生奔走呼告，才使得这些承载着价值的理念（公平、机会、包容、同理心、文化反应能力，以及建立关系，等等）成为现实。

为了让上述理念在学校中成为现实，教师应该明白，只有在整合资源基础上做出正确决策，才能创造一个转折点，使学校得以持续发展。这一切不会自然而然就发生。我们所在的地区已经启动了学前教育项目。联邦政府、州政府以及地方政府都会适当调配经费，确保尽可能多的孩子有机会接受学前教育。通过使用多种不同来源的经费，如教育优惠、资金完善、运营资金，以及州技术经费等，执行财务项目，在本地进行战略性的投资，使所有学生不单单只能在学校享受宽带服务，在家中或公寓里也能享受到同样的服务。始终将年轻人（包括孩子和青少年）的需要放在成年人决策的核心位置，意味着换种方式使用资源，从而使得当今学习环境产生卓有成效的变革。

本地的员工既要参与微观层面上的学习者社群建设，了解每个学生的需要，又要具备宏观的眼光"使每个学生不断超越、享受学习、拥抱美好未来"。这就意味着个人和社区层面都需要意识到资源调配的重要性。至关重要的一点是，领导者要理解并尊重合适的人选在变革过程中发挥的作用。否则，他们如何能够找到合适的人（既具备宏观的眼光，又懂得如何调动资源），推动变革创新，从而帮助所有学生不单单怀揣梦想，更是行动起来实现梦想呢？

例如，几年前，一个S曲线的拐点使得我们走完了最后一里路。当时，学校员工调动资源在当地一处社区里为学生和成人开设了临时的创客空间。这个地方后来成为当地技术部门搭建免费无线网络的第一个社区，学生们不单可以在学校使用笔记本电脑，现在也可以走出教室，在家中使用了。将临时的创客空间这一想法与宽带服务联系到一起，表明了教育方面的投资，无论大小，都是"言行一致"。同时，也表明了无论每个孩子出身何族，居住何地，我们都应该关爱他们。

在信念与使命的微观层面上，教师应当使每个孩子都明白，他们的意见很重要，他们有权发表意见和做出决策，并对自己的学习负责。具备这种管理能力的学生将会有能力影响自己的人生，不但如此，也会影响到身边的人，进而影响整个社区，使他人受益。对自我效能有信心的学生极有可能在遇到挫折时（如老师的教学方法有些陈旧过时，或者老师布置的作业是学生不喜欢或者不想做的），依然可以坚定追求实现自己的目标。

年轻的创客们，像这些在临时创客空间服务的学生们，已经展现出他们的管理能力和影响力。我们了解到，当孩子们在工作中找到意义和价值感时，他们会更愿意战胜挑战，这种自我认同感尤为宝贵。当学生意识到他们自身是有价值的，学习也是有价值的时，就会相信自己有能力把握人生。在哲学层面上，我们相信，那些热爱学习的学生更有能力自主学习，也更有可能实现卓越。这要取决于学生所做的是什么。首先，要设想出他们想要做的，然后给他们机会，让他们动手参与，将这些想法变为实际。如查德所说的，"进步主义教育，使梦想成为现实"。

然而，传统的教育领域的政治掮客们时常推广、号召和支持那种推崇选拔部分学生提高他们兴趣和丰富学习体验的教育模式。在一次与教育创客网（MakerEd.org）社区共学前执行官杰西卡·帕克的谈话中，查德提到了这点，并指出进步主义教育工作者们不会让他们致力于进步主义的理念受制于那些在过去统管教育体系的那些人。

例如，去年，老师们参与了推特（Twitter）上发起的聊天。一位可能教资优生的老师这样写道："教育改革应该只提供给资优生项目，开拓新型教育领域的工作也只能在这里开展。"这一句简单的推文就暴露出了十个不同的问题。首先，有人可能会质疑这种精英主义倾向本身就是有问题的。教育曾经走过一个阶段，将丰富的教育机会只提供给那些不需要传统学校的孩子们。那些天赋过人的孩子通常意味着他们享有某些特权；父母都受过良好的教育。在"教育多样化"的外衣下，他们离开了普通班，享有更酷、更好、更有乐趣的学习机会，仅仅是因为，他们生来就比常人更聪明。这种做法立刻给所有学生传递出一个信号：普通班真是糟糕透顶了；聪明的学生就不需要做这么差劲的事情。教师会使用各种策略来选出并应付那些能力平平的学生。他们在双重阻碍学生发展。他们迫使学生去上暑期班，意味着这些孩子被贴上了"差生中的差生"的标签。

现如今，在这个国家的角角落落，教育对孩子所做的就是通过教育的架构传递出信息：如果学生在课堂上完不成任务，教师会在上课时给这个学生提供两倍的英语或数学练习。这远超过其他的科目内容，比如科学、社会科学，以及任何形式的美术或体育课等。这被称为"双重阻碍"。辅导班里的孩子发现自己做的练习、听的课、考的试，都是别人的两倍之多。因为一样多的数学或阅读起不了作用。于是，教师们再一次，双倍下注到了遵从导向的教育上。这就是学校的设计理念，并非什么阴谋论。这种做法之所以能够公然存在，是因为如果学生在校学习有困难，这种做法可以作为一种选择。很久以前，一些重要文献和历史研究已经记录了这种机制为什么存在，又是怎样运行的。早在20世纪初期，美国总统伍德罗·威尔逊以及斯坦福大学教授埃尔伍德·古柏莱都简要提到过，这个社会只需要少数人享有自由教育，大多数的人都可以放弃享有自由教育的权利。很不幸的是，直到如今，许多人依然觉得这没什么大不了。但是在我们这里，这行不通。

本地区的使命在于创造一个包容性的学习者社区，学习不再局限于在各自学校所做的，而是拓展到校外，并影响到学生受教育的公平和机遇等。为实现这一目标，我们有目的性地使本校的师生与本地、其他州甚至其他国家的25所学校的师生互动往来。我们致力于做出不同的尝试，因为教师们同心协力要改变现有的公立学校制度，年复一年，这样的制度与我们现在所做的为学生赋能的教育背道而驰。我们在努力，可能会违反规则或各种借口，将现有的学校改造为更加进步的教育模式，基于

"一个都不能少"的哲学观点，让每个孩子都有机会参与到更加丰富多样、实验性的学习过程中来。

对于那些像我们一样致力于发挥新生势力具有的使命感，将学校打造成适合所有学生的宜居环境，提供进步主义教育的人来说，他们深知战略性合作可以促进教育公平和机遇，因此，我们不能将这样的工作只局限于某个社区内。例如，通过巴特尔基金会（Battelle Foundation）这一非营利性的国际健康科研机构提供的少量拨款，我们得以为本地的创客空间购买必要的仪器设备，并支持教师们的职业发展。当查德为这一项目提出合伙融资方案时，也包括了将我们在本地所推行的工作提供给弗吉尼亚州高度贫困地区的一所学校。巴特尔为这样的项目提供了资金支持，使得我们的两位创客教师有机会打包一些创客资源，驱车五个小时到达目的地，帮助当地学校开展社区共建的创客工作。当天晚上他们与当地负责人交流，第二天他们与这所中学的一位教师一起，给学生们开展丰富的活动，并通过Skype与我们连线，使我们的学生们可以和他们共同参与。这位负责人后来在当地的报纸上写了一篇文章，盛赞这是他所见过的最了不起的教师职业发展项目。

个人成长与实践

源 起

20世纪80年代和90年代的教育改革运动热潮极大地促进了课程、授课及考核过程的标准化。随着时间的推移，习惯将教师视为教育基石的全国各个学校，普遍出现了教学质量的下滑，这使得政客们迫切要对公立学校教育质量下滑采取对策。到20世纪90年代末期，基于对数学和科学教育国际评价（TIMMS）和国际学生评估项目（PISA）[译者注：针对15岁青少年基础教育阶段的评估，经济合作与发展组织（OECD）统筹的"国际学生评估项目"（Programme for international Student Assessment），每三年发布一次。测试学生是否掌握了参与社会生活所需的基本知识和技能。]的考试成绩，以及媒体披露的芝加哥、底特律、费城、洛杉矶、华盛顿等地市区学校的糟糕现状，左翼和右翼的政客决定联合起来，推动教育改革。

接下来呢？联邦政府于2001年颁布了一项高利害问责法令《不让一个孩子掉队法案》，并最终具备了法律效力，影响波及全美公立学校的所有师生和每个教室。这一法令基于"一个都不掉队"的教育哲学思想，旨在减少差距。如果学校没有遵守地方和州政府的规定，学生没有实现"年度进步"，到2014年学生达标率达不到100%，那么会被联邦政府制裁。在国家公共广播电台的一次节目中，安雅·卡梅涅茨（Anya Kamenetz）分享了她与教育界同行之间就k-12基础教育政策的讨论结果：

南加州大学教育系教授摩根·博丽克夫曾说，至少在学术界，众所周知，如果没有些绝招，100%的达标率是不可能实现的。有些州需要做出的改进也是显而易见的。

他继续提到，为了迎头赶上，学校会要求学生参加越来越多的考试，以帮助他们应对州级考试，他们会进行"分级教育"，不惜牺牲其他成绩更好或者更差的学生的利益，提供更多的资源给那些接近达标的学生。他们会将更多的学生归类为"学习能力不足"，使他们没有机会参加考试。

或者有些时候，他们会参与作弊。多年后，当"年度进步"这一目标越发盛行时，却有越来越多的州和学校落入"不及格"之列，不及格率高达50%，60%，甚至70%。"树立的目标高不可及，很多州就不会再重视了，"他说，"他们干脆放弃不干了。"

在读《一个都不能少：珍爱每个孩子》这一章时，以及"源起"这部分的内容，你是否同意这个假设：学校并没有尽到对每个孩子的教育义务？对于持有不同意见的人，你会如何为自己的观点进行辩护呢？你认为，所有的孩子都可以成为成功的学习者吗？如何衡量成功？要创建一个所有孩子都被关爱的学习社区，需要做出哪些改变呢？

结构化探究

过去十年，教师、父母和政界人士开始思考：如果对学生能力测试的唯一标准是高利害考试，那么致力于"一个都不能少"并没有，也不能意味着顾及每个孩子。没有达到联邦标准规定的"年度进步"的学校大都是中学，曾经觉得学校还过得去的家长们纷纷开始担忧，他们的孩子是否要过多地参加考试，是否因承受来自华盛顿那些专制的教育主管的要求而压力过大？这直接导致了对标准化考试和规定课程的抵制。

更多时候，中产阶级家长反对州级考试体系。与此同时，教师不堪重负纷纷离职；主流媒体教师署名发表的言论日益增加；高压学校高利害考试中，作弊丑闻频发。如此种种，使得教育工作者对《一个都不能少》法案提出质疑。大约在2010年，整个国家似乎觉醒了，当他们去了解学校时，却发现联邦政府强制推行的20世纪的学校体系使得教室中的学习热情不在；学生们也不再拥有出于好奇心和兴趣而学习的愉悦感；人们不再相信教师能够改变学生的命运。家长们不愿从孩子那里了解到学校很枯燥无聊，不愿看到孩子们越来越不愿意参与学习，又眼睁睁地看到他们的创造力下降。似乎每个学校都缺少了些什么。

如果去了解本地、本校以及本班，你能找到缺失的是什么吗？如果你觉得一切都很好，又是怎么得出来的结论呢？不妨花些时间与朋友共同探讨，或者写下你对以下问题的看法：你所在学校是否在进行有深度、有意义的学习呢？有谁能够参与到深度学习中，并能在工作中充满热情和快乐呢？有谁可以借助有趣的问题启发心智呢？有谁可以花时间从事有意义的项目呢？有谁真正被关爱？你是怎样知道的？

停下来反思

如今，在一些地区，"一个都不能少"的理念被重塑，不再要求所有孩子都通过一样的考试，因为他们的民族、个人需求、所居住的地方不同，没有必要通过相同的考试。保罗·雷维尔（Paul Reville）提出：

如果社会需要大量的劳动力从事低技术、低知识含量的工作，目前的规模生产、批量加工的教育模式可以很好地达到目的。但是，在后工业信息化时代，要胜任高技术、高知识要求的工作，我们需要不一样的教育体系。

我们喊着一个都不能少，真的能够做到吗？你认为现有的体系应该做出怎样的全面整改，才能使学生们将来不至于面临低技术、低知识含量的就业选择甚至是完全失业的境地？为什么要做出这样的改变呢？请列出一个清单。哪种教育可以创造一种更加个性化的学习环境，而不是一刀切的模式呢？请思考一些改变，能够在你所在学校实施出来的个性化方案。

采取行动：为"一个都不能少"创建路径的四个步骤

1. **约翰·哈蒂（John Hattie）认为，任何一种教育策略都可以通过集体效能最大限度地影响学习者行为表现。**你可以找出或创建一个同事网，大家对你的工作都给予支持，并确保人人都能够平等地接触到丰富的、有挑战性的学习体验。可以是在推特上的聊天，也可以是你学校或其他学校的某位挚友或导师。

2. **尽可能找到有关你所在班、所在学校或地区的学生的行为表现方面的资料。**将这些资料展开在面前，找出评价学生表现的主导因素有哪些。鼓励学生参与到自我评价及反思过程中。从学生那里获得的反馈有助于你进一步了解相关信息。

3. **在学校选取几个学习有困难的学生，小学生、初中生、高中生皆可。**观察他们在教室、走廊、餐厅或操场的表现，并记录下来。然后走进他们跟他们进行一对一的谈话。你能从中找出他们面临困境的原因吗？怎样使他们对你主动发问？怎样使用谈话内容表达你对于"关爱每个学生"的理解？

4. **找出你所在班级、学校或地区存在的有悖于"一个都不能少"这一思想的阻碍，**这有可能是由于时间、教学设备、技术或者资源不足造

成的，也有可能是由于规章制度导致的。找出可以使用的三种策略来努力消除这样的阻碍，尽力使自己的价值观和信念可以无阻碍地传递给学生们。

2

第二章
学习的真相

CHAPTER 2

A Little History:
Why We Are Here

2

伊拉：我每天都感到很沮丧。我们已经取得了很多成就，但做的还不够。只是局部有了改变，还有很多地方依然如故，我们需要让改变在每个地方都发生，让每个孩子都受益。我们都了解，一个孩子哪怕在一天里经历了一件不好的事，这件事的影响却是最大的；而面临困境的孩子最容易遭受负面事件，即使在我们这里，也不例外。

查德：教育要进行内部变革面临的挑战是，你要值得信赖，能负起责任。你在一个地方定下基调，然后就去忙别的了，有些没有注意到的事情却发生了。我们学校有14000名学生，如果出了什么差错，人们就会按图索骥，寻找解决办法，而你就是手握决定权的人。

伊拉：或者，帕姆是。

查德：是啊，你说得对。但问题是这样：在体系中，可以真正做出一些改变，与此同时，又有一些限制。坦白讲，我们看待体系中的自己时，往往看到的都是各种条条框框。

伊拉：所以，会产生挫败感。提到学生的需要时，我们谈到了"紧急触发"。当事情"还没做到位时"，我们应该如何回应？我会很纠结，我们都会很纠结。尽管我们拥有局内人所有的一些权力，但我们没有局外人的自由。

将孩子视为独立的个体

过去太长时间，学校被看作是教学的地方，而不是学习生态空间。我们在各个学校中散步交谈的时候，也时常发现两者都有。我们参观过各种大型的、小型的、市区的、郊区的、乡村的学校，我们也走访过美国南部、北部、中西部以及西海岸等各个地区的学校，甚至也去过爱尔兰的学校，这些学校高中、初中、小学、私立、公立都有。最小的学校只有12名学生，最大的有近4000名学生。

对我们而言显而易见的是，学校间的差别不在于规模、位置、人口统计状况，或者考试分数，这些指标对有些人很重要。他们习惯按照百年前的模式设计和定义来评估今日的学校。当我们花时间与教师交流，深入了解每个学校时，发现学校之间的异同在政策层面上少了，更多的是学校理念方面的。学校和个人间差别最大的是他们选择的是进步主义教育，还是传统的学习理念？

通过观察我们还发现，关爱学生的教师会鼓励学生多多参与、在乎他们是否快乐、能力和长处是否有长进。他们有个共同的信念：学校至关重要的作用在于提供多种学习途径，使学生各方面能力得以提高。这样的进步主义教师鼓励学生发展其生存技能，在正式和非正式的场合中都为学生提供机会，会开展丰富多样的民主及体验式学习机会，如完成项目、创客学习、协作式探究兴趣领域，以及使用各种技术激发学习，并将好的学习展示给真正的学习者。这样的教师自信地谈论他们将孩子作为个体看待的重要性，而非只是关注科学管理方面的数据。他们不会采用数十年来发展起来的教育体系："bells and cells"的课堂架构、直接教学以及钟形曲线的学生成绩。简言之，他们致力于将学生从曾经束缚了自己多年的遵从导向的教育系统中解脱出来。

为了研究学校如何运作，我们调查研究了教育史，发现20世纪的学校本意是用来淘汰学生的。后来，这样的学校社区形成的行为、价值观及规范，却成了当代学校致力寻求改变的绊脚石。所谓的"当代学校"，指的是有机演变的、以人为本地教养孩子、为青少年提供学习和成长的空间，而非年复一年地对他们进行分类、选拔，使之成为流水线上的毫不相干的系统化、批量化产品。当代学校可以成功，旧有的学校模式注定失败。

为了改变学校旧有的设计理念，我们将学校概念化为"关系、连接、互动、互助、适应性"这样的框架中。这样的理念催生了进步主义教育，教师们纷纷表现出一股"新生势力具有的使命感"：要为学校社区赋能，挑战和替代那种机械化、等级化的模式。这种模式使人们在学校流水线上忙碌不停，无暇顾及与彼此、与学生的交流。

无论是家庭、学校，还是世界，都需要孩子成为学习者，而这样的本能往往会消失在学校流水线上。学校最重要的莫过于发展、支持和加强学生的自主性、尊重学生的意见，以及他们相互的影响力。

所以，我们一直在这么做。

学习生态

工作中我们各自独立，又合作研究出何为施教、何为受教的哲学框架。我们与本地和外地的其他教育领袖们，共同为进步主义教育实践提供支持。艾伦·夏皮罗（Alan Shapiro）、詹姆斯·盖迪（James Gaddy）和尼尔·波茨曼（Neil Postman）在提交给校董事会和学校社区的一封建议书中提到，要开放伊拉参与的另一所高中的课程项目时，我们深有共鸣。他们在20世纪70年代的计划书直到如今依然可以被视为进步主义教育实践的哲学基础：当学习的关注点不在于学校，而在于学习内容上，鼓励学生发问和寻找答案，或两者结合起来时，学习会呈现出什么模样？

换言之，我们一直假设：（1）将学习本身看作生活本身，而非为生活做准备时，这样的学习最有成效；（2）每位学习者最终都要以自己的方式安排学习；（3）"问题"和个人兴趣是组织学习体验的更为实际的架构，而非"主题"式；（4）学生有能力直接和真正参与所在社区的精神生活和社交生活；（5）他们也应该这样做；（6）学校和社区也非常需要他们的参与。

学校社区文化比其他因素更能影响到师生的成败。文化本身也体现了每个学校的生态环境，这样的生态环境并非仅仅由学校的每个空间、每个课上活动或课后作业、课程安排、评分体系来构成，也包含教师对学生说的每句话，以及说话的语调和面部表情等。

回想起自己的童年，的确是这样的。我们中的一位从美国南部腹地极为贫困的农村地区一所学校中脱颖而出；另一位生活在一个工人阶级集中的弗吉尼亚小镇，总是想尽办法逃课；还有一位就读于一个艺术家、工人、往返纽约城的通勤者聚集的北方老城的城区学校，不幸搁浅了。尽管我们的经历、所在地区、学校、家庭都千差万别，但我们还是发现了彼此有很多共同点。我们上学都承受很大压力，这压力来自"平均法则"在学校的施行，其设计理念是要淘汰掉一些人，并使少数人可以上大学。我们就是成绩为钟形曲线的一代，我们代表了这一文化曲线的基点。

有些人回忆起过去的美国学校依然会想起白色尖尖的篱笆，以及20世纪50年代电视节目中的家庭主妇口中生活无比美好的时光。他们将童年时代的学校视为遍地开花的完美的美国学校。他们都错了。如同20世纪50年代的真正家庭生活一样，美国学校也从未是完美的。这些学校缺乏多样性；学生们遭受校园欺凌；体罚不但是合理的，也是可能发生的。许多青少年被淘汰，或退学了。当美国太空竞赛喷薄而出，成为《生活》杂志的封面时，美国的学校成为众矢之的。我们现在经常会忘了，过去的学校并不是玫瑰花园。

伊拉：当帕姆在南卡罗莱纳州的一所种族隔离学校上学时，我也在布朗克斯郊区的一所种族隔离学校开始上学。我们都经历了"想当年"的学校生活，也知道"黄金岁月"的说法根本站不住脚。

帕姆：是不是你有一天晚上在推特上发起了这个话题啊？

伊拉：对，是我。我问大家，什么时候是"黄金岁月"呢？是《汤姆求学记》(*Tom Brown's School Days*)的时代，还是《黑板丛林》(*Blackboard Jungle*)时代？是《无因的反逆》(*Rebel without a Cause*)时代，还是《吾爱吾师》(*To Sir with Love*) 时代? 又或是《雷奇蒙德中学的时光》(*Fast Times at Ridgemont High*) 时代? 这个问题没有答案。实际上,当人们描绘很棒的"学校"经历时,他们通常会提到某位老师、某位教练,或者某个班级。但几乎没有人会认为任何一个时代的学校体系是"伟大"的。

事实是,20世纪早期的美国学校是用来给劳动者提供最低程度的教育,使他们能够胜任工厂、磨坊、矿山、血汗工厂及农场的卑微工作。伍德罗·威尔逊的下述观点对学校功能进行了最好的阐述:

> 我们需要某个班级的学生接受通识教育;另一个大得多的班级的学生需要放弃通识教育的特权,使自己接受的教育能够与他们将来可以从事那些特定的、辛苦的体力劳动相匹配。这在每个社会都是不可避免的。

20世纪初期,美国学校的教师受聘去教学,使青年人可以实现威尔逊总统宣传的使命。他们会成为顺从的、按钟点上下班的工人,他们不会质问权威,也不会有激情,自然也不会成为罗伯特·布朗宁(Robert Browning)所说的那种学习者,"啊,如果一个人的追求不能超过他的见识,那要天堂有何用呢?"

然而,20世纪早期,童年时期就辍学加入劳动力大军的,大有人在。1920年高中生毕业率为20%,证明了推行的1:8的教学计划是成功的,这一计划设计的初衷是淘汰掉80%的学生。到1940年,高中毕业率攀升到了40%,主要是因为经济大萧条使青少年就业机会减少了,而学校却没有任何的改变。这些年来,尽管我们对于学生的教育目标发生了改变,我们也讨论每个孩子都能成功,可是学校自第二次世界大战以来几乎没有什么改变，还是同样的教室布局、同样的时间安排、同样的分类标准。

　　与此同时，机械化时代的到来使工厂的工作发生改变，进而影响到了美国的学校。一位重要的进步主义教育家约翰·杜威（John Dewey）对于20世纪早期的这种教育模式并不认同，他对斯坦福教育学院院长、教育家埃尔伍德·克伯莱（Ellwood Cubberley）实践中体现出的科学管理信条也表达了不同观点。杜威设想了另一种可能的学习路径：

　　教师不是来灌输某些观点或者给学生塑造某些习惯的，而应成为学校社区的一员，选择性地发挥自己对学生的影响力，并帮助学生以恰当的方式做出回应。因此，教师成为学习过程中的伙伴，引导学生独立找寻某主题的含义。

　　约翰·洛克（John Locke）和约翰·杜威都认为，进步教育的设计理念是启蒙和赋能。进步主义的原则是帮助学生养成终身学习的习惯，鼓励学生主动参与民主社会的社会事务。这一切的前提是教育工作者了解孩子的价值，促进孩子认知能力、社会情感能力和生理的发展，并培养孩子的同理心，建立良好的关系。

　　社会经济杠杆，如公平分配、劳动力变化等，可以经由学校或学区人员改造为形式化的学校语言，从而拥护其进步主义教育思想，而后者，很多人认为，对于培养学生当代生活能力至关重要。然后，我们也留意到，当工作被过多地贴标签或形式化时，其效果就要大打折扣了。我们竭力避开各大国家机构引领的"风潮"——必读清单、必须参加的会议、必须听取的发言人等。不同于那些来也匆匆去也匆匆的人物、书籍或会议，教育工作者们必须要不断开展进步工作，如当代创客学习等。他们必须要不断前行，而且这样的学习的确是终身的。

深刻的、彻底的变革要发生，进步教育不能只是一时兴起，或是隔靴搔痒，也不能仅仅被看作是最新潮流。对我们而言，最可怕的命题是，要弄明白如何对我们的工作加以定义，又不至于定义得太过具体。否则，进步教育就会成为教育热潮历史时间线上的碎片。一旦如此，我们的工作就失去活力和韧性了。而如果当下的工作不能纳入范围更广的进步主义教育哲学，这样的努力将会付诸东流，这是我们不能接受的。历史已经清楚地证明了这一点。

约翰·杜威在20世纪初期提出的学习的哲学框架本有希望使美国学校向另一个方向发展的，然而，在平衡社会与经济建设之间的矛盾，以及经济与战争之间的矛盾中，很显然，战争胜出了。学校成为机器时代一些人的教育工具，充斥各种评估、流水线式的课程安排、"学生排排坐，铃响上下课"式的课堂设计，以及课堂管理和体罚下的顺从。学校成为"效率的俘虏"：惩罚学生、教职员之间越来越疏远、选拔出来的教师要确保能够服从这个体系的层级制度。两次世界大战使美国人追求效率至上，似乎亨利·福特发明了流水线是远远不够的。到20世纪中期，杜威教育模式中推崇的更加进步的教育理念，如自然地学习，更慢、更低效、更有耐心地学习等在公共学校屡屡碰壁，不可避免地走进了死胡同。到1950年，杜威的影响力仅存于条件艰苦的郊区学校了，而彼时克伯莱推行的效率模式则渗透到了哲学、政治，乃至国内几乎所有的学校中。

学校是我们创建的一套既省时又省力的工具，用以满足民主社会的需要。

——克伯莱

标准化教育导致的问题

标准化，尽管我们很不喜欢这个词，在学校却似乎是有效果的。当然，这是个难以启齿的小秘密，这有助于减轻要与学生面对面的负担，并且为测试和衡量学生和自己提供了一个基准，并能确保将偏差尽可能降到最低。同时，又给人一种感觉：如果成功模式能够复制，那么，全国所有学校的问题都可以解决了。

工业化社会和科学现代主义者将标准化看作是确保学校普遍获得成功的方式。20世纪追求标准化，本质上说，是有其合理性的。但是，如今在很多文化情境中我们也看到了失败的后果——大规模的住宅项目像是新建的贫民窟；重复性的郊区房产建设，缺乏多样性和生命力；企业难以满足消费者需求等。如今，学校的标准化建设已经无法满足学生、社区、国家和世界的需要了。

问题在于，标准化成了学校发挥创造力的绊脚石。在标准化课堂里，没有"根据问题去找寻"的发问方式，也没有问题导向或项目导向型的评估方式。使用标准化课程意味着放弃学校社区的生物多样性，而这本有可能立足学校独特的生存环境，进而激发新的思维方式的。这些标准化实践运用的统计标准似乎是为理想化学校社区或典范式社区学校服务的，人们希望那里的学生们都能够以相同的方式获得成功。如果学校模式是"一刀切"的话，使用"无教师参与"的测评方式和课程项目似乎自有其道理。如今程式化的学习方式（一门接一门地上课，直到最后要考试，并使用筛选手法使标准化测试结果最大化）是20世纪的产物：注重效率和效果、胡萝卜加大棒式软硬兼施、基于目标管理等，并通过当代技术，遍地安装了监控系统使之看上去更现代化了。

但工作中，我们明白了一点，人类不可能以平均值的方式存在，也不存在什么中值。我们也了解到，人类的学习活动非常纷繁复杂，无章可循，尤其是在童年阶段，更是如此。于学习者而言，真正的学习在于去创造、设计、建造、创作等，而这一切，跟标准化模式是不能共存的。这就是为什么我们在一整天一成不变的学校生活中，加上"天才一小时"这样的改革尝试，唯一的作用在于使人们更醒目地看到当下学校的不合理之处。

如果教育体系不改变，学校无法自行改变，改变也就无从谈起。如果一位校长嘴上说，"我们的学校以学生为本，尊重每个孩子"，而实际决策过程却没有任何改变、控制点也不改变的话，学校就不会有什么变化。这种改变远远不只是口头表达，尽管这也很重要；远远不只是好的出发点，尽管这点也很重要；也远远不只是理解孩子和青少年，尽管这点毋庸置疑很重要。改变要发生的关键在于，立志真正改变学校领导者、教师和成人每天在做的事。首先从他们做事方式、做选择的方式以及看待事物的方式开始改变吧。

让改变发生

帕姆对领导力的理解不是层级式的。因为她认为教育体系内的影响力是可以网状发散的，而不是单线条式传达的。当尼尔·波茨曼提及的某种教育生态出现时，教师们会意识到自己提出改变工作方式时的意见的重要性和价值，进而会意识到帮助学生一道改变学习方式的重要性。当帕姆与一群人交流时，经常会以她认识的小孩子的口吻来讲述教育创客的故事，这并非偶然。因为孩子们很重要（如果不是最重要的话），所以领导者要使出浑身解数让我们从孩子的角度去思考学习。这也使得她明白一点，只有教师花大量的时间充分浸润到学校环境中，教育领导者方能了解学生和教师们的多样性，以及在教育体系内可能会有怎样的经历。

伊拉：学校领导在校园中走动时会关注什么呢？为了听听学生们的动静？为了收集一些声音和场景做数据？当我走进一间教室的时候，几乎从来不会关注老师，而是会观察学生们。想要了解教学进行得怎么样，可以去看学生们的表现。

帕姆：你告诉过我，你喜欢首先观察下学生们的脚的小动作。

伊拉：是的。只有在他们老实坐着的时候，我会通过观察他们脚的小动作来了解他们是感到无聊、紧张、烦躁，还是犯困了。但如果学生们是真的在用功，很主动地做他们自己选择的、对他们真正重要的事情，那你只需要融入他们，并且问一些开放性的问题好了。花时间来观察下这种方法与传统教学有什么不同。

继续前辈们已经做过的事情，相对更容易些，但同时我们也需要关注下正在出现的新方式。当人们都成为改革者时，改变就会发生。但还是应该把自己看作是体系的一员，而不是居于体系之外。改变型的领袖乐意看到学校在变革和演变，学校日常活动的创新意味着我们与学生一道在进步。的确，我们那些创新型的、变革型的教师们起初都是与学生、学校校长并肩作战的，因为他们将进步教育看得至关重要。

21世纪的迅猛变化发生在学校中，也在影响着我们的孩子（智能机器、全球化、气候变化、地缘政治冲突以及经济转型等）。在我们看来，继续维持学校现状，并不能帮助我们的学生将来成年后进入社会。作为教师，我们必须关注如何帮助学生成为有创造力和同理心的问题解决者。我们必须帮助他们为将来的世界做好准备，一个我们无法界定，但是都知道会是与过去完全不同的世界。

然而，这次的变革，并没有一份简单的使用说明。如果我们不知道学生应该准备什么，我们如何帮助他们做好准备呢？帕姆的孩子、伊拉的孩子，都是成功的典型：他们现在所从事的工作都是十年前还没有出现的工作。查德的孩子将来也会工作的，好吧，这事没人说得准。我们不能只关注教学内容，或更具体的技能学习了。例如，孩子们不再学习"键盘打字"，他们学习的是"文本输入"，大型触屏键盘、输入语音转为文本或者输入音频及视频等。文本输入不再是一种要学习的"技能"，而是一种学会使用你手头工具的策略，这些工具正在呈指数级变化。《学习还是死亡》（*Learn or Die*）一书的作者埃德·赫斯认为，当我们谈论未来，以及作为教师如何应对时，"在当下的课程安排中，学习如何学习要比学习具体内容重要得多"。如今的学生需要有机会去设计、创造和沟通，这些都是21世纪高度需求的能力。对于学生如何学习的研究使我们产生了创客学习这一想法，作为当代体验式学习的一个途径。创造中学习和学习中创造可以以多种不同的方式进行和演变，因为这取决于学生们想要做什么。他们的做法始于将所学的内容与学生真正的学习联系起来,前者成为后者的指引。我们时常看到学生们通过在做的创客任务,意识到所学的内容很重要,也一下子都弄明白了。进行创客学习时,他们很自然地融入设计,以及在与同伴及专家的协作中体验社会情感学习。

这样的年轻人作为学习者,学会了如何策划、测验、研究及找寻所需知识,并通过完成任务培养起自主性。他们学着在一个民主的社群工作,找出如何合作及独立创造,如何分享及选择他们想要或者需要采取的方式。他们是彼此真诚的观众,并与同伴和世界分享他们的创作。他们有机会真正学习,因为他们充满好奇心、兴趣和热情。当他们参与创客学习时,他们的创造力、批判性思维和创业思维都得到了锻炼,因为他们所在的学校文化推崇公平和机遇,这逐步成为一种日常,而不再是偶尔的例外了。

有机化学习:开放的而非固化的思维模式

再没有比这项工作更简化的了。但我们发现还是经常有人希望我们能将自己所做的降为最低标准,因为他们需要一个简单的方案用以沟通和推行。最近,查德提到他发现的一个问题:无论是在近期发表的文章中,还是在演讲中,当有人要对这项工作给出简单的定义,或者试图这么做时,他都会很挠头。他提到一件事,某流行教育媒介的作者与我们沟通时,因为我们无法用浅薄的方式来定义复杂的工作,他感到无比沮丧。

这位作者希望我们分享是如何将普通人变为创客的。因为他没有得到有关职业发展、结果评估和项目介绍的典型回答,这使得他很无奈。因为并不存在什么秘诀，我们也没有给出刚刚好、可以直接引用的回答。他斥责查德："老兄，我告诉你，如果你们这么做的话，不可能因为某种教育哲学而领先的。"查德拒绝将我们所做的创客转化为课程或考试。这位记者最后录制了四个小时有价值的视频，但在最后发表的文章中，依然没有总结出我们工作的意义和内涵，因为我们的工作无法简化，它本身绝不是肤浅的，也不是可以买来用的课程，或者可以给孩子实施的、并将结果上报的测验。相反，我们的工作已经演化为一种有机的教育哲学，它基于一种开放的而非固化的思维，即学习是由什么因素构成的。

我们发现，没有一篇文章能够解释清楚，甚至写作深度文章的人也无法解释清楚。有的人只是觉得需要弄明白创客学习如何提高考试分数，或如何对其进行评估就好。人们无法摆脱一种思想，即这种学习方式是无法通过高效的、应急的考试来进行评估的。我们的学生作为真正的学习者，所面临的情境要比只是找出电脑屏幕上的正确答案复杂得多。教师不但要了解学习的内容，还要深入挖掘学习的方式和原因。他们成为"孩子观察者"，这种专长是学生获得成功的关键，如第一章中提到的克莱恩。只有参与到这项工作中，或者积极参与到专业观摩及反馈过程的教师，才有可能发展这项专长。有效观摩最好的地点就是中学了——在长达12年连贯制学习中，此时的学生正经历着社会、心理、生理以及认知方面的巨大变化。

个人成长与实践

源 起

有人认为，把知识存入学习者头脑，是教育的唯一真正目的；有人认为教育应使孩子更少机械化记忆，更多从经验和兴趣中主动学习，培养解决问题、批判性思维及提问的能力。两者之间向来存在分歧，且在这两种模式之间反反复复的教育改革，即传统教育和进步教育间的摇摆不定，并不能带来实质性的长久的改变。因为教师自己已经养成服从的习惯，他们会倾向于按照指令行事，而不是质疑权威。

回顾一下之前引用的威尔逊的话："我们需要某个班级的学生接受通识教育；另一个大得多的班级的学生需要放弃通识教育的特权，使自己接受的教育能够与他们将来可以从事那些特定的、辛苦的体力劳动相匹配。这在每个社会都是不可避免的。"

你认为教育的目的是什么？你自己的信念和行为是从何而来的？你是否真的了解我们的教育传统的历史是怎样形成的？你现在身处何处？

你对此的反应如何？不单只是简单的反应，而是对于形成美国公立教育体系核心而且至今仍在推动本世纪学校体系的现有架构，更深层次的思考是怎样的？

现在可以打开你的Isearch日记（在云端，或者用纸笔），记录下你的想法。

写下你感兴趣的问题，以及你对所在教室、学校、学区中实践的教育理念的观察。

结构化探究

对人类群体进行观察时，会了解到人类历史是一个不断与追求"谎言"相抗争的过程。我们的思想史是一部充满了人们痛苦折磨的编年史。这些人想要唤醒同时代人们，让他们意识到他们最美好的信念是错误想法、错误假设、迷信，甚至是弥天大谎。思想发展史上的一些重要里程碑标志着新的观点、新的含义或新的隐喻诞生之时。我们需要记住，新的教育方式将会致力于培养这些人，这些具备"探误能力"的专家。

真的是这样吗？学校的首要目标在于培养具备"探误能力"的专家吗？如果是，我们该怎么做呢？如果不是，那么学校的首要目标是什么呢？如果学校董事会要求你解释"我们为什么会有学校"，你该如何给出自己的观点呢？

停下来反思

伊拉说："我总是说，孩子的学习曲线在五岁之前是呈指数增长的，等他们开始上学了，增长就变缓慢了。"对于创客工作，查德是这样认为的，"这不是可以买来用的课程，或者可以给孩子实施的、并将结果上报的测验"。

如果学生的学习曲线没有放缓，学校会是什么样子呢？学校里怎样的经历可以造成指数型的增长？如果不按照线性文本、现成的脚本程序、标准化课程来授课，将会面临怎样的挑战和风险呢？体系内的学生和教师需要具备怎样的条件才能降低风险，并支持有悖于大规模标准化的尝试呢？在你看来，致力于进步主义学校社区获得成功或对其进行反对的教育工作者们有何共同特质呢？有哪些证据、信息，或研究可以用来支撑或反驳你的观点呢？

采取行动：成为更好的学习者和学习的观察者的四个步骤

1. **如果你还没有读过《教学：一种颠覆性的活动》**（*Teaching as a Subversive Activity*）**这本书，现在是时候读了**。无论新旧，你拿到书后，可以开始提出问题，思考并采取行动，来面对挑战。波茨曼和维恩加特纳认为，社会的改变是一直在进行的，那些学校中的人却简单地屏蔽掉任何有关教育年轻人的改变的需要。

2. **挑战自己，成为一个"探误者"**。拿出手机，在教室或学校中走动。尽可能拍下多一些的能够反映出学生在进行的按部就班的学习的图片（但要保护个体隐私）。花时间研究这些照片，并描述你认为你所在班级和所在学校有关学习的愿景是怎样的。你的图片中能反映出哪些价值观？如果图片与愿景不符呢？接下来你会怎么做？

3. **做一天影子学生，最好是跟随一位"问题学生"**。你或许需要说服管理人员来这么做，或者如果你自己是办公室人员的话，需要有人替班。去做吧。学生做什么，你做什么（遵守学生遵守的规则，做学生在做的测验），做一整天的学生，一天下来之后，记录下自己的反思。

4. **花时间研究你所在学校和学区的领导者们**。教育领导者们彼此间也差别很大。根据他们的言语和行为，了解他们认为的教育目标是怎样的。请一位教育领导一起喝咖啡，请他/她聊一聊他们的工作。然后，问自己一个问题："这位领导者，是我想要一起工作的吗？"

Timeless Learning
How Imagination, Observation, and Zero-Based Thinking Change Schools

第三章

改变：解放学生，解放学习

CHAPTER 3

Change:
Liberating Learners
and Learning

帕姆： 我们通常将孩子看作是蹒跚学步的孩童，缺乏协商能力，无法处理成长路上的磕磕碰碰，或者是小小成年人，只是需要快点长大。以上种种都不恰当。他们是孩子，既脆弱，又聪明，因为他们的好奇心广阔无垠。甚至是我们的高中生，引用一位校长的话，也还是孩子，而且这是正当合理的。但是，我们需要理解何为童年。童年并不意味着无助，或是智力水平有限，而是缺乏经验，却一直在成长。我们的任务是给学生提供丰富的体验，挑战他们的好奇心，提供丰富的资源，并用爱心环绕他们。这样，学生才能成为强壮、富有创造力和持久力的真正的学习者。而且，多年的经验使我明白，一个在辅导班花费大量时间的学生不会成为真正的学习者。

伊拉： 我们不会使用"成绩差距"这样的字眼，而是"机会差距"，这是因为成长于贫困或（以及）隔离环境中的孩子与成长于富裕环境中的孩子唯一真正的差别就在于机会（了解各样词汇、智力争论、熟知各种食物、旅行，以及成年人能成为的样子的机会）的不同。我记得自己少年时期曾见到一位朋友的父母，他们都是大学教授和研究人员。在遇到他们之前，我从不知道世界上还存在着这种职业。如果你不知道某样事物存在，你就无法想象自己会成为怎样的人。如果无法想象自己可以成为的样子，就无法梦想、探索、计划和行动。如果对飞机一无所知，自然不会成为宇航员。

所以，在这里你会看到各种各样的孩子能够通过各种机会找到自己成为学习者的热情。我们不会要求学生来发展"毅力"，而是力所能及地为他们提供各种资源。我们不会为了成人方便而牺牲学生利益，相反，我们会尽力满足学生的需要。

查德：学校教育实际只有两种：一种是为了同化和压迫；另一种是为了启发和赋能。你所描述的那种学习之所以不会发生，是因为它是要通过政策进行推动的。政策无法推动教育实践，但可以影响人的行为。教师可以关起门来，随己意而行，而无视政策——政策只是作为激励或惩罚之用。如果教师的信念不能改变的话，就无法改变他们的行为。因此，我的工作致力于关注教师信念的同时，注重与行动相结合，使之付诸行动。

我们为什么要改变

教师的信念是如何形成的呢？学者玛丽·肯尼迪（Mary Kennedy）发现，天真的童年上学经历使得人们形成了持久的价值观和信念：他们从小的教育经历定义了他们对"好教学""好教师"的理解，并且这些早期形成的信念"在他们进行教学实践时，影响着他们的思维"。早期的信念和对学校形象的认知已经深深融入到了教学实践当中。因此，当提出教学改革时，教师不再轻易说"这也会过去的"。

　　考虑到大量有关学校变革所遇到的极大阻力的记载，我们如何实现使教室成为学习空间，使教师成为引导者，使学校成为教育发生地？数十年来，伊拉一直在探讨有关"解放"的含义，例如"技术解放"以及"神学解放"等。然而，教育解放与天主教教会的解放是两码事。技术解放指的是使用教育体系的资源，如建筑、时间表、校历、教具、一切纸质资料、电脑、手机等，给学生提供支持，而非限制，使学生真正解放，可以自由思考、梦想、想象、阅读、写作、研究、交流和协作。技术解放指的是影响成年人和孩子的各种信念。

　　伊拉尤其钟爱鼓动性强的标题。他早期两篇研究论文《推开传教士的位置》以及《文化专制》，试图将有关学校这一根深蒂固、毋庸置疑的信念体系显露出来。如果学校是个"拯救"学生或者使学生"皈依"的地方，教师将自己看作是传教士，学校和教育体系会不可避免地偏向于那些生于"理想状态"的学生——中产阶级、身体健康无残疾的白人家庭的孩子。如果学校认为某些途径更为优越——阅读纸质书、端坐着做数学题、目不转睛注视着老师——然后那些本就已经占优势的学生再次凸显优势。因此，我们所了解的学校实际更加像宗教，充满一系列不容置疑的信条，而非合理的制度。而信念不会自上而下做出改变，整个体系应该换个角度看待事物，否则，改变会造成内乱。

　　然而，信念还是可以发生改变的。从国民对待某些事情的态度上可见端倪，如我们的日用饮食、医疗保健等。国民情绪被激起时，我们通常会看到某些观点的病毒式传播。当一首歌、一款手机应用、一个游戏通过当代社交媒体变得火爆时，我们会立刻得知。某种程度上，"病毒式传播"这个说法成为社交媒体词汇的一部分。它不再是用来描述某年流感的词汇，而是指信息如何快速扩散开来。我们在学校里时常看到某种教学实践在某个班级、某个部门，或者沿着某个走廊扩散开来，我们了解到教育领域要想经历深度的、波及整个体系的变革绝非易事。

如何进行深度变革

每个教育领袖最终都会认识到，要想创造改变的条件，使教育实践改革得以流行的各种条件，实在艰难。教育本身就是抵抗改革的行业。然而，我们也注意到，改变可以快速发生，并且延续下去。拉里·库班（Larry Cuban）与大卫·提阿克（David Tyack）合著的书《修修补补向乌托邦》（*Tinkering Toward Utopia*），展示了领导者如何与员工一道经历深度变革，这一举动又是何等罕见的。教育过程和实践深化改革要花费的精力通常要远超人们预期数年之久，因为无论是与成年人还是孩子共事，从表面进到深度学习，需要时间、投入，以及在此过程中对下一步的计划持续进行元认知加工。

区别在哪里呢？尽管具备最佳战略计划，在学校内部及其他地方我们却看到改革的失败。而有的地方行政人员漠不关心，我们却也看到了自下而上发生的变化。改变的动力可以源自组织的任何区域，可以由教师、行政人员，甚至是学生发起。改革也不需要迎合人们的期待而缓慢地进行。找准基准点，快速实施改革，这样的事情我们经历过很多。其中一次我们对暑期时间的安排进行了改变：我们做创新研发，进而带来积极改变，进一步推动了在做的事。

几年前，查德和伊拉支持在一个贫困的拉美裔社区创建一所暑期"临时创客学校"。此前，我们从未这样在校外开展暑期项目。但是机会来了。"有一天，格洛丽亚（拉丁社区外联领导者）走进办公室，说她可以接触到这个庞大社区，"查德回忆道，"她需要某种暑期学院来为这里的孩子们提供支持，当时还有一周学校就放假了。"

"这个主意太好了，我们不能再等一年才去做啊，"伊拉补充道，"于是，我们说，当然可以啊。查德找了一个需要行政实习的老师，让他来做学院主管。我问了最近的一所高中的校长，是否可以借用一些设备和电脑。于是，查德开始全力推进完整的'创客夏令营'理念，我们都开始行动了。"当时，在与格洛丽亚进行第一次交流之后，我们计划开展一个为期两周的临时创客夏令营，结果大获成功，这使得我们永久地改变了对暑期项目的期待。这一项目不仅给学生机会发表自己的意见，同时，也证明了在合理调配团队和资源的前提下，通过快速切入，改变可以发生。这是一种支持教育创新和创新人士的创业方法。

如果条件具备，教育领域的改革通常会比正常情况进行得更迅速。问题是不断变化的外部条件，要尽力避免过多以过程为导向。当然，我们的确在使用战略规划，但是我们不会受制于某个计划。事实上，我们喜欢使用沙盘进行发明创新，因为战略性工作，以及改革最终的可操作性都是基于此开始的。你只需要确保沙盘是现有的、被重视的、有吸引力的。

太多时候，我们看到一些重要严肃的工作，如设计实施一项伟大理念来改善学习，却遭遇了独裁式行政人员对计划的阻碍。我们一起学到的第一个功课就是，突破当下制订的战略计划、突破学校眼光来看待世界。第二个功课是，接受沙盘计划可能会一团乱，过程中总要不断改进。就如帕姆所说，"不要让战略规划阻碍了一个好主意的实施"。还有，不要让最初遇到的失败、挫折、怀疑，耽延了好点子的实施。这些情况可能意味着我们需要邀请他人和我们共事，共同思考，共同奋斗。要让团队架构保持开放，随时可以进行思想流动，反馈，必要时进行改变。

学校体系内部的这种思维改变带来了学校文化的改变。在确保政策制定者感到被重视、被保护的情况下，使改变发生。这种文化改变也意味着新的观点会给教师们带来冲击，并与他们的愿景和使命相融合。教育不必在进步主义和保守主义的理念与实践这两者间如钟摆般来回摆动，也不必维持现状，保持缓慢节奏，除了围绕现状偶尔进行一些修补外，什么改变也没有真正发生。相反，深度的、进步的文化变革会成为师生共享的充满活力的信念。这一信念可以经由一代代的教育者分享和传承。

信任孩子，信任童年

不幸的是，美国国内学校的许多教师都被教导，不要相信孩子们自然学习的方式。他们也很少有机会了解到，百年的工厂模式的学校的约束之外，学习会是什么样的。因此，我们有意将"一刀切"或者"填鸭式"的模式，转化为真正的成人学习体验，在师生共享的学习空间中推行进步式的课程、考核、教学法等。这离不开学习技术操作人员、授课指导人员，以及全职的、并非出于评估目的的教师直接与学校教师共事。他们提供模式，参与策划，并指导教师，使进步主义理念得以真真切切地在学生完成的作品中体现出来。他们允许提问，找到所需资源，并提供一对一的职业发展机会。更重要的是，他们是关系构建者。

然而，我们意识到，这种教师对教师提供支持的模式本身并不能以很快的速度使这种成人化学习体验在体系内传播开来。我们明白，要使进步主义教育得以遍地开花，需要数年的时间，通过多种不同的路径，才能有可能实现。

诸如CoderDojo夏令营模式以及我们的暑期创客学校所展示的机会，已经创建了新的学习拐点。我们并没有让成人和孩子分开，而是让他们有机会可以在同一个学习空间中共处，并且在这个空间中，孩子的数量远超成人。通过改变暑期项目的资源和结构配置，我们将最具进步理念的作品带回学校，使得日常教学的方式也发生了改变。同时，我们还学习到，如果不去致力于"R&D"（研究和开发），那么，这种想要鼓励教师同仁的新式做法就不会那么轻松地在常规教学中得以展开，或者根本就不会展开。

我们的暑期学校由最初主要为州级考试失利，必须参加补习的学生提供必要的干预，到后来提供一系列连续的丰富的实验学习体验。我们看到，学生在其中很活跃地参与，并与成人学习者很好地协作。我们将暑期补习班转变为了创客营。我们增加了高中设计、制造者，为学生提供创业体验，帮助他们提高学分。这样的暑期项目也为成人创造了新的途径，让他们可以在"低风险"学习环境中通过运用"七种途径概念"来实践进步主义学习理念，即通过使用互动技术、连接性、选择与舒适、基于项目的学习、通用学习设计、教学宽容度、创客培养式学习。当学生在夏令营中与专业人员一起做事，同在学习状态中的教师则与学生和主任教师们一同试验新的技术和策略。我们期待，在一个有别于传统学校环境的，更为宽松、混龄的社区环境中，他们与年轻人一起冒险尝试新方法时，能够经历成功，也能够体验到失败。

这种模式的关键在于在尝试新工具和新教学方法的同时，又要密切关注进步主义环境中，学习是如何开展的。这要花费大量的时间。在暑期项目中，教学团队花费在汇报工作进展上的时间和经历，使教师们有关学生的对话也不再一样。他们看到，那些在传统课堂上遇到困难的学生，当有机会自主选择并独立进行项目、与伙伴彼此协作、将自己的兴趣融入到工作中时，他们的表现往往优秀得出乎意料。这并不是说公共教育领域的教师强调的标准不重要。相反，这很重要，在暑期活动中也不例外。然而，当夏令营的教师有机会看到那些特殊学生（如身体有残疾、家庭施加很大压力、英语语言水平不达标等），甚至是成绩很好的学生们，当将他们从学校的限制中解放出来时，所展现出的多种可能性，也使得教师们开始思考，他们在常规教学中，也可以改变一些方法，更多采用基于P字母（基于项目、基于问题，以及基于学习热情）的学习法，在他们与学生共同努力时，更多的创客机会就产生了。

当我们与这样的老师共事，并倾听他们谈话时，吸引我们的一点是他们自身得以有机会成长发展，他们在从头再来，重新做教师。想象一下，一位中学英文教师突然脑洞大开，认为编码与做事或叙述故事并没有什么太大不同。那么，当她去了解编码时，她会发现（也会引导学生们发现），写作的原则可以使编码更具逻辑性，同时，也使得故事具备了开始、中间和结尾的框架，两者具备了更为深度的关联性。

谢丽（Cheryl）是一位经验丰富的中学教师。她愿意去跨界，思考科技如何拓展中学生们的潜能，让他们在利用知识寻找信息解决大难题时，成为设计者、作者、创客和专家。她是众多教育先锋者之一，与其他同行致力于寻找新方法，以更好地激发学生潜能。例如，在语言课堂上，她会借助3D打印机的使用来提高学生们的创造力和批判性思维能力。当她观察学生时，发现只是让他们简单复制"网上下载"这一提前设计好的编码来打印出某个物体，并不能为他们带来什么启发。相反，当学生自己设计编码，创造出自己的复制品时，学习更加鲜活了。学生们不但参与性很强，更为重要的，他们更受启发了。她也与其他师生一起，在CoderDojo项目中参与"研发"，并在全国范围内使各个学校建立联系，致力于学习创新的研发。

当谢丽这样的专业人士参与夏令营的研发时，教师们发现学生对自己所做的更加热爱了，从前那种通过教学对学生加强管控，以及限制学生活动和提问的课堂管理，已经变得不再必要了。他们意识到，任何年龄段的学生都可以并肩学习，并且比根据年龄划分到不同年级的学生学到的要多得多。他们也发现，那些在传统教学环境中畏缩不前的学生，当有机会根据自身的能力自己选择学习路径时，摇身一变，成了学习明星。而且，他们意识到，当回到自己学校时，可以在教学实践上做出一些改变。教师可以相信学生，也可以支持家长。他们看到了关爱学生所带来的影响力。他们也了解到，在法国或者芬兰，甚至在未工业化的社会，即使有些孩子没有被社会的爱所包围，教师也开始看到孩子们的差异，并爱护这种差异，同时看重孩子们的长处，而非他们的不足。

个人成长与实践

源 起

沃顿商学院的罗素·艾可夫（Russell Ackoff）和W. 爱德华·戴明（W. Edwards Deming）是推动改革的两位大师。20世纪90年代早期，他们认为，落后的教育系统以及改革风潮并未带来什么改变，是因为"系统无法了解自我"。

现行的管理风格一定要转型。系统无法了解自我，因此转型必须领先外界观点（视角）的推动，我称之为渊博知识系统。这为我们所在的组织提供了理论框架……首先就是个人的转型。这种转型可能是间断性的，它源自对渊博知识系统的了解。个人一旦转型后，自己的生活、事件、数据，以及与他人的关系都会被赋予新的含义……一旦个人了解渊博知识系统，就会把这种原理自觉地应用在各种人际关系上。同时对于自己的决定以及所属组织的转型，也会形成一个基本的判断。

教育管理如何转型？这是个棘手的问题。我们日常工作中不会讨论这样的问题。然而，我们也都知道，只有对我们的信念和观点进行深入的了解，才能经历持久的进步的教育改革。

戴明是在20世纪50年代领导日本经济重建时创建的这一理论。正是基于他所做的工作，日本到20世纪70年代已经成为世界领先的经济体。有人认为他对工作场所参与式民主的关注是进步经济发展的里程碑。他的理念基于与我们自身完全不同的文化中的真实体验，并且影响了20世纪70年代和80年代的美国工业领域。

戴明认为要改变体系，管理者必须要懂得"渊博知识系统"。

- **对于系统的了解**：了解系统的整体流程，包括产品或服务的供应商、生产商、消费者（或使用者）。

- **有关变异的知识**：了解质量变异的范围和成因、使用统计学样本进行测量。

- **知识理论**：这一概念解释何为知识，以及我们所了解的知识的局限性。

- **心理学**：这是有关人类本质的概念。

设想一下，将这一系统的几大要素通过教师的视角融入到学校中。既然"系统无法了解自我"，如果我们开发出针对性的渊博知识系统，那我们的教育系统将会产生怎样的转型呢？

如果教育系统进行转型了，对于学习者，对于教师，以及对于你来说，将会有什么不同？

现在可以打开你的Isearch日记，（在云端，或者用纸笔）记录下你的想法，提出好奇的问题，并记录下你自己对教育的观察。如果我们的确能了解我们所在的系统，那又意味着什么呢？

结构化探究

查德、伊拉和帕姆在教师这一工作上都曾有过挣扎。我们各自有不同的背景和时代，读者在读我们的作品时，请考虑以下问题：

你自己的实践理念是怎样的？你的信念、价值观，以及对于教育、真正的学校的认知是怎样形成的？

你认为你所在学校、所在学区的不成文的规定有哪些？有关这些问题的讨论如何能够使这些规定更清晰明确？你又是如何挑战这些不成文规定的呢？

停下来反思

带领体系内的每个人，拿出勇气，开始进行转型。这个体系可以是班级、部门、学校，或者地区。换个说法来解释W. 爱德华·戴明的观点，这意味着不要等别人先采取行动，而是从你开始。你不能等待别人为你自己的教育做出规划。当然，如果别人能够为你提供学习机会，那自然是很好的。但这样的机会有时会跟你的需要不匹配。所以，你需要思考，自我教育意味着什么？

自我教育者可以采取的五种行动

1. 寻找志同道合的终身学习者。 无论你还有一年就退休还是从教第一年的新手，这都没关系。你要自己对自己的学习负责，因为短期内你也可以做出改变，惠及他人。留意你的同伴是怎么做的。倾听、提问、与他们交谈。在社交媒体上或者面对面交流。参与推特上的聊天群组，安排面对面交谈的机会，或者一起喝咖啡聊天。问下朋友他们的播客或书单上的内容，在线查找学校，帮助了解所做工作的更多信息，联系他们，并建立起行业学习网络。

2. **阅读、倾听、写作。**可以在车里（好吧，写作不行），晚上失眠时，飞机上，或者工作时进行。将你所学的与人分享，你也能了解别人的观点。如果你感到自己不会写作或者没有经验，这都没关系。你能学多少，就能给出多少。我们发现，有的人会消化吸收并制作产出自己的或他人的学习内容，建立起了系统化思维，以及有关系统知识的理解能力，逐步深化了对教育系统的理解。

3. **跳出框框。**花点时间思考一下学校以外的教育环境（正式的和非正式的）。学习可以发生在各种场合，如咖啡店、餐馆、机场、酒店、大学休息室、健身中心、博物馆、图书馆、社区创客空间等。只要有驱动力、注意力、喜好的座位、互动性及参与性等，就可以学习。生活即学习，学习即生活。我们学习是为了生活，不是为了上学。

4. **成为他人志同道合的伙伴。**建立自我教育模式。有意识地分享自己的未知、挑战、错误或差距。同时，也可以分享资源，彼此联系，并主动接触那些你本意想要忽略的人，鼓励他们参与交流。

5. **注重行动。**很多人都可以就进步主义教育发表自己的看法。人们也都有充分的理由解释为什么自己的学区、学校、课堂没有发生任何改变。然后，我们每天都可以选择做出改变，来影响某个孩子、某个同事、某个家长。伊拉对一群来我们这里参观访问的教师们说"明天，做出一些改变吧"。如果你想等到再有一次机会、时机合适再做改变时，你可能一辈子都要这样等下去。当你读完本章时，写一下你明天可以做出的改变，然后，去行动，让改变发生。

第四章
以学习者为中心的教育环境

CHAPTER 4

The Education World
Learners Want

查德：我有两个孩子，一个11岁，一个9岁。作为一名家长，我知道父母要教给孩子们的东西，和他们自己从网络获取到的、他们可以从同伴那里学到的，以及可以从家庭经历中学到的东西已经有很多了。因此，家长需要依靠公立教育给孩子们灌输的知识少之又少了。

伊拉：这对中产阶级和上流社会来说是有道理的，但对于出身贫困的人来说，却不尽然。如果公立学校不能为中产阶级提供有价值的教育，它们将会维持不下去，因为这些人是学校的资金来源。但是，公立学校不复存在，是因为他们无法满足中产阶级的需求。如果我们这样想，就是彻底倒退回了19世纪的社会达尔文主义了，贫困家庭的孩子从开始就被剥夺了受教育权。这不只是存在于过去，看看现在的底特律、芝加哥吧。学校依然存在，但基本已经被荒废了。

查德：对。对我来说——作为中产阶级家长，这是真实的案例，也是觉醒时刻：当孩子们从公立学校放学回家，他们对自己所学的很感兴趣，对这个世界产生了新的认知，每天的好奇心都在增长，他们渴望了解更多。我儿子的老师真的是位不可多得的奇才。（每当儿子问我问题时，）我会对儿子说，"你应该听听你老师怎么说。她懂的很多"。然后他会说，"哦，算了。我干嘛要这么做呀。直接上YouTube搜索就好了"。当时，我停顿了一秒钟——这个孩子爱上学，每天放学回家都很快乐。但他所学的不需要局限于学校，生活经历可以丰富多彩。

改革的多种形式

当代学习不是偶然发生的。我们致力于将学生无缝转移到数字化环境，并提高他们在实体学习空间中的主动参与性。在学生学习时，为他们提供多种选择、舒适性和连接性。学生不再坐成排，老师课堂不再满堂灌，这些都在有意识地发生，这一切都体现了广泛的团队合作：设计学习体验，将工具、课程和教学法进行改革，致力于帮助学习者习得终身学习能力，这对于他们将来在家庭、社区、职场和成为合格公民都至关重要。这项工作历经多年的研究和努力，并不断演变，有的成功起到了促进作用，有的并没有奏效。

查德经常说，我们要想进行教学改革，或者其他教育改革，应该先了解政策，从支撑教育多年的学习理念入手。当下的教育理念充斥了20世纪初期就提出并做出解答的有关学习的目的等一些过时的问题。这些问题引发了一次改革运动，使学生和教师从单间校舍，搬进了大型工厂式学校，这样的学校一直沿用到了现在，在美国大多数地区依然普遍存在。对1910年提出的问题的解答，推动建立了当时学校的哲学框架，数十年后，又推出了教育政策，进一步明确了学校架构、程序，以及在当今学校依然沿用的人事结构。然而，查德问，"今天，学校依然存在，是因为学校改革者不断提问和试图解答1910年提出的问题吗？但那些问题

岂不是已经不适用当今的学校了吗？"教育工作者与其反复追问和关注教育的旧有哲学驱动力，不如重新提出一些问题。例如，

哪些潜在的社会现象导致了需要为学习者做出改变的观点？

我们如何能挑战已经存在了数十年的教育假设？

例如，有关当代教育边缘的讨论中，人们现在反复在问的一个问题是：在当今世界，义务公立教育究竟发挥着怎样的功能呢？

如果从设计者的眼光来思考公立学校，它是另外一种技术版本，又是人们一段生命时光的体现。我们大都了解，上学的时间基本是按照时间、年龄和内容有逻辑性地进行了拆解和划分，体现出一个人必须要学习的知识。因此，如果这样是可以的，公立学校在塑造童年上的功用大概占到了四分之三，可能还更少些。自从校舍从单间变为20世纪早期发展起来的综合性的"学生排排坐，铃响上下课"的综合性学校，公立教育系统并未发生多大的改变。

这一系统依然会将孩子带进当今的学校中，目的在于塑造他们，希望他们成为有价值的人。我们想把学校架构强加给学生，使他们学习的内容是政府和学校社区认为成为一个国家合格公民最重要的内容。那些掌控公立教育的人们也想要孩子能具备特定的学习和行为模式。不论他们的背景或经历有何不同，我们期待学生能够接纳某种规范，希望他们将来拥有成功的人生。例如，我们希望孩子们学会与社会主流文化规范相符的某种谈话方式。然而，礼貌一词的含义以及礼貌的方式，仅代表了基于中产阶级价值观这一主导性的白人文化所构成的美国社会文化规范。作为教师，无论是去过的海外国家，或者在美国，与很多不同文化

的人士交流，他们知道不同文化背景或家庭背景的人们对孩子的期望或许会与那些中产阶级白人的期望有显著不同，但我们仍然希望这样的主流文化规范可以驱动学生学习和行为改善。

长期以来，教师承担着将我们主导文化的价值观和信念代代传承下去的责任，如今，这些价值观和信念面临种种挑战，因为我们所在的社区更加多元化，出现了巨大的反转，有的是少数族裔文化和多数族裔文化共存，有的则出现了各种不同的少数族裔文化。最重要的是，在过去，人们希望自己的孩子能够在竞争中胜出，跻身主流文化并被其同化。如今，有些家庭却在挑战这种"旧时"美国的规范、信念和价值观。

在一次有关进步教育的讨论中，查德分享了自己的观点。他指出，尽管我们看上去是一个开放和自由的社会，但是事实并非如此。我们对于那些挑战规范文化的思想实际上还是相对抵触的，这在大多数农村地区的同质化社区中尤为如此。在学校里，这表现为，为了强化某种得体行为而开展的基于合规性的工作，以及某些致力于维持社会现状的知识被认为很重要，必须要学习。学校的架构、程序以及人员配置是基于20世纪的教育理念和政策所创立的。我们期待学校作为主要的技术手段，可以通过以上种种途径，将知识和价值观传递下去，培养合格公民。

当将学校视为技术手段时，继续思考一下，如今几乎每个人都拥有一些工具可以连接物联网，也可以通过网络连接各种观点、知识和资源。在这样的世界中，我们不禁要问：学校存在还有什么意义呢？如果学习者想要和需要的教育，并没有通过学校，或者不完全是通过学校实现，但是依然可以通过其他途径实现，这又会怎样呢？当菲内特谈到全球通信网络的影响力时，他谈到学习和通信系统的潜力，也是闻所未闻的。就如同从印刷机带来的变革的意义层面来看，只将它视为教育技术，未免太过肤浅。同样，网络的影响力也是前所未有的。

学习者在很多学校目前能够接触到的还是只限于印刷机技术，这与他们在校外通过网络技术能够获取到的资源相比，真是相形见绌。而且，既然人们现在能够在校外学到自己需要的大部分内容，就如同许多企业家不用上大学甚至也没有受过中小学教育，就能获得成功一样，或许，在当代社会，与20世纪相比，在学校受教育对于实现经济上的成功，用处已经远没有那么大了。

学校的功用

现在，我们继续回顾这个问题：考虑到学习者想要在某个学习环境中学什么，学校的功用是什么？

真正的问题是，我们需要学校做什么？我们想要什么样的社会？现在有哪些问题是我们必须要应对的？最后，我们教育年轻人的工作，和地方社区以及世界面临的种种难题，两者之间有什么关系？解决复杂的难题，并没有简单的办法。但是教师不能忽略自己的作用——他们可以决定学校的目的。我们不能将这份至关重要的工作交给政治家、商人或者父母来代劳。

如今的社会变革与我们所经历过的20世纪60年代的社会变革在很多方面都大同小异。人们都具有相似的焦虑感，公平问题依然存在，越来越多的人开始意识到真正的问题，并且对于进步主义教育解决方案持开放态度，因为这可以部分解决公平、机遇等社会需要。与此同时，也总会有另一些人对进步主义教育表示恐慌，因为害怕这会影响到中产阶级的学校规范。

如果21世纪学校的功用在于转为进步主义教育理念，那就会造成一种局面，公立教育发挥社区功用，也变得情理之中了。学校成为学习者社区，一群想要学习、想要了解如何学习，以及想要和老师一同找出自己需要学习的内容的人，组成的社区。社区之间彼此互联。当代学校功用的一个关键问题是，当它成为一个工作社区时，孩子和成年人如何共同参与呢？

创客学习是这样进行的：社区成员共同参与。孩子或成人共同产生某个创意，并将其付诸实现，因为这对他们很重要，或许他们的作品对于家庭、他们自己的小世界、所在社区和国家都会产生影响。无论怎样，他们将自己所做的与创客社区、学习者社区分享。这就是进步主义教育的精髓：跨社区学习很重要。当各个教育社区开始协作，不单只是面对面，而且是世界各地的人都互联，孩子就成为全球对话、文化和团队的成员，携手一起解决宏观世界难题。

创客改变的不单是学校的功用，还有学校的目标，将学校文化从顺从式学习及行为变为看重多元化的思想和解决方案，对于学生行为，更少关注服从规则，更多看重对社区规范做出回应。当年轻人真正分享自己能做到的事，不再只是脱离情景的考试成绩时，他们对于自己所做的，和与他人分享自己的专长时，会产生更深层次的自豪感。

以学习者为中心的考核方式

为了创造路径实现这种形式的成功，这意味着对孩子的考试方式必须进行重大改革，要能够展示出他们能够做的事，而不只是他们知道的事。考核的方式会最终促使老师为学习者学习提供机会。近几十年来，影响十二年连贯制教育的考试方式有两种势力：由联邦和州政府主导的标准化考试、各大学及学院的入学要求。然而，当进步主义教育进入越来越多的校园时，学生的机会增加了。他们不但能够展示他们所学到的表面知识，还有更深层次的学习，他们深受项目导向学习、社区活动、创客学习启发，去追求自己的热情和兴趣。

我们一直在努力工作，支持学生创建个人数码档案（digital profile），并与父母一起主导学习会议。当给学生们机会可以在更为真实的环境中展示自己的作品时，会明白对他们学习真正重要的是什么，这点很有趣。大学开始更为看重这种形式的学生作品，将其作为申请者在成绩单和SAT分数之外的另一种展示方式。麻省理工学院是最早一批对申请者说"请给我们提供一份创客档案"的大学之一。现在，有85所顶尖学校达成联盟，发出一份"可负担性和可及性"倡议，将过去只有中产阶级家庭孩子才支付得起的教育机会，提供给更多的高中生。这些大学达成一种共识：通用大学申请平台可以由他们称之为数码保险箱实际是数码档案的新方式所取代，或者至少部分取代。

学生可以记录自己与他人共事时合作的非常愉快，这也正是生活需要的技能。那些能够展示出自己可以以多种方式沟通并表达真实意愿的青少年，将来也有能力在职场、社区和家庭立足。如果某个孩子或某个学生团队制作一个视频，来教他人如何做某件事情，我们需要关注他们是如何给出指导的。我们的小学生在试图帮助别人建造某样东西时，会觉得指导起来有些难。例如，这要用到Arduino。最近我观察一群四年级的女生使用自己编程的Ozobots制作的一款游戏，当看到她们与另一组同学交流如何玩这款游戏时，真的是很美妙的时刻。

这给孩子机会，让他们可以学习到使用精确语言的价值，以及以多种不同方式进行交流时应该使用的语言。这也再次促使我们思考如下问题：

学生何时会有机会学习不同的沟通技巧，并表明他们的沟通能力在日渐提高？

他们如何成为菲内特所说的全球通讯网络的主动使用者？

学校的每个学习机会如何成为知识长进和生活能力提高的真实的体验，而非只是一堂课，或者一门课？

我们如何创建学生真正想要和需要的学习机会？

我们对此都有所了解。当终身学习能力与创客和给予学生浓厚兴趣产生的激情引导的项目相融合时，突然之间，学生很重视以不同的方式来交流，而不只是学习写作文大纲，或者做某个选择题。此外，如果学生能够分享自己的学习成果，并清晰表达出来这对自己的重要性，这一切，都是贵如精金的。

个人成长与实践

源　起

为了了解为什么21世纪的学习不是真正的"大事"，我们需要追溯历史，了解学校传统的根源：桌椅成排、练习册、黑板、选择题测试、铃声上下课、农历日历、课堂管理、按年龄分班、学生选拔、百分评分制，以及对于高效能和有效性的盲目崇拜，这些都导致了教室里的教师进行满堂灌教学。爱尔兰诗人、教育家、革命家帕德里克·皮尔斯（Padraic Pearse）将引进美国和爱尔兰的英国"工厂化学校"体系描述为"杀人机器"，它将人类自史前时代就有的学习的联结性给扼杀了。我们生来就需要探索、提问、玩耍、讲故事、向别人学习、创建和使用工具，来推动和提出新思想、新工具，探索人类种种新的可能性。人类学习的原因和方式跨越了时间，而当下，我们需要学习的内容已然不同。

史学家大卫·麦库卢（David McCullough）认为历史就是事件、艺术和探究时刻的集合，这一观点启发教师在历史背景下思考人类如何理解学习的目的，而非只是基于历史事实本身。事实是，我们通过了解过去，才能学习未来的无限可能和挑战。就如麦库卢所言，

如果我们不了解自己是谁，是如何成为今天的样子，我们就会遭受深度健忘症的困扰。

你认为当代教育的功能方面，亟待解决的重大问题是什么？

菲内特、皮尔斯、麦库卢的观点，在哪些方面与你的观点契合，又

在哪些方面挑战你的思维？

你想要怎样的世界？你每日在学校所做的事，如何推动世界成为你希望成为的样子？

现在可以打开你的Isearch日记，（在云端，或者用纸笔）记录下自己的想法，提出好奇的问题，并记录下你对教育的观察。如果学校功用被重塑为社区，和通讯学习网络，而非学生学习知识的某个地点，这意味着什么呢？

结构化探究

伊拉写了大量有关美国教育史上的变革所产生的影响的文章。他时常说，我们创建的这个体系本身是失败的，也使我们所教导的年轻人遭遇淘汰。他在自己博客SpeEdChange中提到五个部分的系列，这一观点帮助我们对美国教育历史背景有了更深的理解，从中我们也知晓了当下教学实践和教学传统的由来。

此处的一个关键点是，如果我们希望所有的学生都获得成功，就不能指望继续使用这个最初设计来是为了淘汰80%的学生的教育体系。这些教育结构包括按年龄分组、年级标准考试、选择题考试、学校时间分配，以及标准化课堂管理方法。

你所在学校、课堂，在哪些方面限制了学生成功的机会？我们如何可以从人为设计的钢筋混凝土结构的课堂、计划、事件、课程、教学和考试，转为将古腾堡时代教学组织结构进行解构？

如果要你从零开始设计一所学校，教育学生为生活做好准备，你会将什么视为面临的最大挑战？

停下来反思

如果当代学习者需要习得能力，进入成人世界，成为家庭成员、社区成员和职场一员，成为企业家和终身学习者，那么，19世纪晚期设立的工业时代的遵从性驱动的教育结构需要经历课程、考试和教学方式等方面的真正转型。课堂管理的重大转变，对于培养跨文化、跨媒体的读写能力是至关重要的。并且，复杂的数学理解能力对当今的众多职业来说也是不可或缺的。

"学校"必须成为一个学习空间（实体的或虚拟的），在其中学习，是师生持续再创造的过程。学习内容与学生自身相匹配，知识展示在全球范围内是表现性的，校内和校外的探究，是基于孩子、青少年及其社区需要的真实生活场景。这样的转型使得我们最终可以进入现在和未来世界，进入后古腾堡时代，同时这也将成为人类信息和通讯时代的转折点，这与印刷机的发明同等重要。

我们所有人为什么要积极引领学校进行新的深度学习？我们如何（跨学院、跨领导层）培养学生能力，使学生能够适应迅猛、重大的变化？从此刻开始，我们必须要做些什么以便持续努力地创建一种学习创新文化？

采取行动

我们如何关注到可能性、完成工作、绕开"是啊，但是……"这一使众多学校停滞不前的借口？我们从何开始？

古腾堡时代的教育体系是为了应对19世纪40年代的技术发明而产生的。人们将知识理解为"印刷体"，教育就是"写作、印刷、阅读、记忆"。而后古腾堡时代则与此不同："探索、连接、通讯、创造"。这样的认知需要引起一场学习变革，进而带动信息、通讯和认知知识革命，这在过去二十年中挑战我们所有人的变革，包括个人、组织、政府、企业、学校等。

在学校开展这项工作数年后，致力于将当代技术、重新设计的学习空间和改革的教学法融入到高度多元化学习环境，在探索其中的"原因、方式和内容"的活动中，我们了解到，当代学习方式不会产生于人数有限或者录取方式有限的学校中，而是在接纳所有来到这里的学生的公立学校中。因为我们相信，将20世纪的工厂模式的学校模式转变为深度学习环境，是所有学生都需要的，因此，这样的转变必须要惠及所有学生。

成为变革者要采取的四种行动

1. 与青少年、小学生和幼儿在学校之外花些时间相处。观察他们在正式和非正式的学习环境中的表现。了解他们感兴趣的是什么。他们想要做什么？他们如何学到需要学习的东西？什么是优先要学习的？如果你转换下语言模式，并侧耳倾听的话，即使小孩子也会表达对学习的看法的。

2. **如果允许的话，在教室中走动，观察学生们。**与校长一起，观察你能看到的一切：他们是如何与他人发生联系的？如何与其他学生、成人、设施、技术等进行互动？有什么情境中的学习变得真实，并吸引学生的兴趣了呢？这有意义吗？教师做了什么？学生做了什么？在学习空间中有哪些选择看上去是显而易见的？学生们是否在使用同样的工具做着同样的事？

3. **写下你观察到的，并提出你认为在你所观察到的各个学习空间中，重要或者不重要的因素。**在某个学习社区中要创建一种"多人对多人"的沟通网络，而非"一人对多人"的教室，我们需要做出哪些改变？

4. **找出你想看到的或多或少的因素。**在日记中清晰写出或思考原因。与一位挚友讨论，就自己的观察结果而言，作为同事或/和行政人员你想做些什么。三思而后行。

第五章
未来，永远充满不确定性

CHAPTER 5

Envision All
Things Future

5

现在，请未来世界二代（Futurama II）闪亮登场！欢迎踏上通往未来的旅程，为在场的各位开启通往未来每个角落的大门。此刻是梦想成真的闪耀时刻。人们也产生了空前高度的需求：新式工具资源、动力和机动性机械、道路连通，通往富足和更具尊严的新生活……

——约翰·赫尔曼

1964年纽约新世界博览会通用汽车第一届展览会，打开了未来世界二代的既定旅程。如同当时的创意人员、设计者、发明者和工程师所设想的一样，当参展人员踏上通往未来的神奇之旅，他们所看到的并非渐变的增量变化，而是一下子打开人们的视野，使他们超越技术的局限，看得更远——既可通往深邃的太空，又可潜入无尽的海底。这次展览并不只是将人们带往可能的未来，而是去往将不可能变为可能的世界。

一直以来，我们都想了解学校的诸多不可能性。我们邀请你加入探索未来可能性的旅程，不受过去条框的限制，也不受那些阻碍我们视野的人们的局限。

不要以为未来是缺乏变革性的。

——索科尔

伊拉：我觉得自己很幸运，成长在那个充满无限希望的年代，我们或许早就实现了社会公平和飞车旅行。用作和平用途的原子会为我们提供清洁能源；伟大的政府也会创造伟大的社会；我们可以探索宇宙。我小时候看过未来世界（Futurama）展览，后来也看过《2001太空漫游》这部电影。尽管童年时期比较灰暗——越南战争、种族骚乱、不断攀升的犯罪率，以及日益严重的污染——我知道，只是简单地知道，世界可以变得更好。

帕姆：而现在，我们不再抱有什么期望。我们怀疑科学，不信任政府，如人们所言，我们只要有面包和马戏团就可以过日子。如果是手工面包和无虐待动物的马戏团，我们愿意接受这样的改变。在学校，以及社会的其他所有领域，我们误将边边角角的修补看作变革，但真正的变革需要整个社会体系都发生改变。

查德：我们需要重新找到火光。我年轻些，以为自己成长于越来越受限制的年代。电视使生活好很多，但生活的种种可能性总是无处伸展。后来出现了网络，但网络更多的是助长了恐惧，而非助力想象。

逆周期阐述：跨越增量变化

一直以来，我们时常思考教育的目的究竟是什么，人们通常认为学校是一种传承社会主流价值观的机构，波茨曼和维恩加特纳则认为，"学校应该强化社会其他主要机构不会强调的价值观"。这种逆周期思维方式使我们思考：如果要举办世界教育博览会，我们会如何展示对大多数人都无法想象的事物呢，如学生和下一代学生需要和想要的未来主义的学习空间、学习技术和学习文化？

很多父母无法跨越已知领域，对学校的期望并不高。一天晚上，一位出租车司机向帕姆讲述的自己的经历也印证了这一点。他出生在象牙海岸（科特迪瓦），并在当地最保守的一所学校上学，学生时代每天晚上都要花费数小时的时间完成背诵类的作业，以避免"老师棍子敲后背"。但是，在他的叙述中，他觉得自己六岁的孩子上一所特许学校，也要完成同样多的作业，这倒也没什么，尽管他担心自己的儿子没时间玩耍。弗吉尼亚大学的一位教授也认为，让自己16岁的儿子尽可能地去跳级，会很有益处。尽管这意味着孩子醒着的每个小时都要不停地写作业，尽管研究表明，作业越多，不意味着学得更好，甚至也不意味着考试分数会更高。

体制内的教师可能会对现状修修补补，甚至会多少做出一些改变，但当你走进今日校园时，总体来说，他们并没有表现出通往更有想象力的未来的任何实质性的转变。相反，社会越期待教育改革，越多的学校会选择维持现状。教育结构将其紧紧束缚，使其依附于主要机构和社会所看重的价值观，却时常限制了将学校变为从未有过的样子的可能性。为了应对学校维持现状这一紧迫性，我们一直在追问"学校会如何改变社会？"如果社区成员认为，更新与教师的社会契约，能够使年轻人享受到本世纪他们需要的教育，那么，学校就必须起到带头作用。

实际上，我们今天的教育梦想还是缺乏变革性的。尽管盖茨、扎克伯格和其他人都往公立教育领域投资，他们却从未冒险成立一个贝尔教育实验室，让本行业大多数极具创新头脑的教育工作者有机会聚到一起，将学校变为从未有过的样子。这一教育界最佳思想者、设计者、建造者、工程师和创客们齐心协力，挑战一切的空间，可能是本国最好的投资，但是也可能是对现状（学校的现状、社会文化和经济环境的现状）最大的挑战。

让教育真正成为一种颠覆性的活动

伊拉生活过的新罗谢尔城（New Rochelle）有一所古老的非传统学校，这所学校建于19世纪，毗邻市区。1961年，联邦法院下令取消种族隔离，之后的政治权力交接和随后的教师罢工运动，将这所非传统学校交到了艾伦·夏皮罗（Alan Shapiro）这位中学英语老师和他的智力合作伙伴尼尔·波茨曼（Neil Postman）以及查理·维恩加特纳（Charlie Weingartner）手中。后两位在1969年出版著作《教育：一种颠覆性的活动》。这三位接手这所非传统学校的原因有以下两点：这所学校里有一些学生只是"非传统学校学生"，也有一些只是不接受"普通学校"学习的学生。

伊拉的非传统高中学生除了要按规定参加纽约州州长考试，并累积一定学分之外，并没有其他什么要求。他们不需要去上课。伊拉在那里上学时，也只是上过一次课，即"星期一早上的四分卫"，他认为实际是数学课，因为学生们在处理数据，并押注下周的橄榄球比赛。但也有些人不上课。他们会参与团队项目或者个体项目。误打误撞去上的另一门课被称为变态心理学。老师会在晚上十点，把学生们放在中央车站，早上三点再把他们接走。整个项目的目标是去采访住在那里的无家可归的人。有一门课，课程表上并没有体现出学分，但伊拉觉得这是他一生中最重要的学习经历之一，而伊拉的经历也只是一种可能性，了解这一点很重要。其他学生会在一年半之内通过上课和独立学习顺利毕业。也有一些学生通过实习完成大部分学习内容——在医院、公园温室、城市公园建造一处教学农场，或与当地企业开展合作。

这个项目的主旨在于帮助学生使自己的学习偏好和学习环境相匹配。在老师艾伦·夏皮罗的帮助下，伊拉找到一种途径，可以绕过自己的读写障碍继续学习英语。他在当地一家小型调频电台深夜新闻频道做实习，每周都会有几天夜班，从晚上十点工作到凌晨两点。伊拉从中学到了通过口头方式来采访、编辑和写作。这是一次不同寻常的经历，一年以后，伊拉已经可以编辑学生周报了。

伊拉和一位朋友一起，一年之内每周都会有几个下午在市政厅的发展部工作。后来，他参与了市区重建工作并获得了公民信用。那位朋友现在也成了世界顶尖的古代石建筑保护领域的专家。另一位朋友是伊拉在"星期一早上的四分卫"课的同学，后来成了报纸体育统计员。

20世纪70年代的这所非传统高中是为了应对20世纪60年代的文化冲击而产生的众多非传统学校之一。人们所做的很多事情都非同寻常，这样的学习经历也打开了多元化生活的大门。这所学校的校友后来成了受人尊敬的律师、记者、建筑师、顶尖程序员、艺术家、工会组织者、教授和教师。然而，很多人当时可能轻易就退学了。

这所学校位于城区北部的一处大型郊区高中内部。学生都有各种各样的问题，然而，这所学校的高中毕业率高达99%，并且四年大学出勤率达到了95%。但后来在乔治·H. W. 布什总统执政期间，时任美国教育部官员、保守派人士戴安娜·拉维奇（Diane Ravitch）认为，大部分20世纪60年代到70年代期间的非传统学校都不符合公立学校的标准。这一标准是1989年弗吉尼亚州夏洛茨维尔州长峰会制定的。后来，这些学校都被清除了。

伊拉所在高中的学生能够做的事情很大程度上得益于临近纽约城区这一优越的地理位置。社区的孩子们只需要跳上地铁就能到达他们想去的任何地方，找到各种资源。但是，在那个年代的农村地区，这种在成熟环境中通过多种途径进行的实验式学习，还是闻所未闻的新鲜事物。

现在，时代大不同了。网络的高度连接性使孩子们可以找到各个领域的专家，无论他们想做什么。他们也可以学习怎样与专家资源（遍布全球的博物馆、机构和各种研究来源）互动。

如今学校的学生可以借助联系校外专家启动项目。例如，八年级的学生观看了一段有关高空气球的Youtube视频，然后他们决定尝试一下。他们与老师一道，又召集了一群八年级学生，策划并真的进行了一次高空气球放飞行动。这要涉及工程学、数学和科学知识，同时又需要用到语言、地理和公民常识。气球升空后，就消失了。应答器在升空之后就停止工作了。给这些中学生提供支持的教师团队中的一位技术集成人员和科学老师说："这已经很了不起了，最起码，他们没有表现出沮丧气氛。"他说，他们花了整个周末的时间面对面或者在线讨论研究，想要找出到底哪里出错了，下次他们应该做怎样的改进。周六气球升空，应答器失灵，然后在周二，他们收到了信号。气球落在了某个农场的一棵树上，跟他们之前预计的着陆点几乎完全相符。

那时学校已经放假了。但孩子们丝毫不在乎。他们立刻电话沟通怎样一起开车去那家农场捡回气球。他们爬上树，将气球残骸摇下来。当播放由GoPro摄像机记录下的这次气球旅行时，他们兴奋到了极点。而这一点通常是学校做不到的，学校不会让孩子们感到兴奋。没有兴奋感，就不会进入深度学习，不会产生深度理解，也不会将知识运用到其他领域。

当人们认为他们不能改变学习体验使学生们更加兴奋，也无法打破外界限制使学生成为真正的学习者时，我们对此很无奈。然而，学习转型的关键在于给学生赋能，使学习充满激情。那么，对那些觉得这样的改变不可能的人，我们该说些什么呢？我们会说，他们一定要敢于去冒险，或者像耐克广告语那样，"想做就做"（Just do it）。学校中的探索型教师和学生在做出根本性改变时，必然会面对一些阻力，他们必须愿意克服这一切。学校领导需要清楚地说明，教师做的创新工作不仅仅是可行的，而且是十分需要的。他们必须要支持这样的根本性变革。那些愿意打破边界，探寻不可能的老师通常会推动变革，因为他们知道有校长在背后提供支持。同样，校长也要明确一点，就是在创建改革文化、支持教师和学生冒险的同时，核心领导层从上到下要都能够提供支持。

每个学生的年岁只有一次，无论是5岁、11岁，还是18岁，而在学校的每一年时间都过得飞快。让创造力无处不在这一动机是非常一致的，都是为了孩子。通过创建适宜的时间和空间，让教师成为发明者和创新者，他们的工作将成为改革最初和最重要的一环，进而带来战略性的影响，最终转化为实践工作，影响学校文化。当年轻人分享自己深受这一创造力氛围影响时，他们的意见也体现了这一点。

例如，一名高三同学分享了自己对于金属冶炼的兴趣，以及自己如何借助YouTube视频来建造自己的金属冶炼厂，他所展示出来的学习能力是非凡的。他的这种自主性来自追求自己兴趣的机会，好奇心使之得以持续，并得到了教师的帮助，后者确保提供他需要的工具来帮助他完成目标。

我们自己的未来世界：学习实验室

我们的工作如果有什么诀窍变不可能为可能，那就是绝对不要隐瞒正在进行的改革，关键在于如何将学习者和教育者赋能这一概念变为现实。我们绝不会希望人们首先从愤怒的家长那里了解到改革。因此，我们只能公开透明，并告诉家长"这是我们在做的"。要公开。如果人们想要秘密进行这一切，就会谣言四起，最终将改革扼杀掉。我们会对老师说，如果你要在教室中做一些创新，那么，给父母发一条信息告诉他们，"我们将会在以下时间段进行直播，届时您可以观看直播，或者观看我对孩子们的实况推送"。父母有可能在工作，也有可能在家，但他们会看到自己的孩子参与到了有挑战性的工作中，并骄傲地说，"这是我的孩子！"我们希望父母能参与到发明—设计的工作中，所以才邀请他们参与到设计、制造、建造和创造等学习过程中。

我们的暑期项目现在成了原型实验室、迷你贝尔实验室、臭鼬计划风格的空间——师生一起创造新技术、新教学法和教学策略，然后一起讨论他们所做的。在这里，我们可以测试新想法，比如，设计帮助学生提高自主学习复杂知识的能力的新方法，这是他们完成项目所需要的，而在过去传统的纸媒时代，这些都是无法接触到的。我们通过研究混龄和跨代的协作学习来了解父母如何与子女一起参与创造性工作。我们依然致力于搞清楚如何创造赋能文化，使教师的角色从决定学习内容到成为与学生共创学习内容的合作者。这一切正在发生：当我们走进教室时，有时很难找到老师在哪里，但学生们却都在积极主动又严肃活泼地参与学习。这种场景很难让人联想到学校。

当我们在这些原型实验室观察时，学生们都沉浸在学习中，他们很少注意到可能来参观或者在他们身边工作的成人。这真是太完美了。有一次参观时，一个小家伙过来告诉帕姆："我想给你看看我刚刚做的。我在用Sonic Pi做这项工作呢！"帕姆丝毫不知道Sonic Pi是什么。当她请求这个小男孩告诉她时，小男孩的表情像是看一个外星人一样，然后叹了口气，"好吧。你可以用这个软件来创作音乐"。

这个年幼的小学生会弹奏小提琴，他把自己的小提琴和曲谱都带到暑期项目来了。刚开始使用Sonic Pi进行编码时，他就明白了如何回放他刚刚在小提琴上学会的音乐。他的电脑屏幕上写满了曲子，当他制作样带时，他编程的G小调巴赫加沃特在电脑上播放。下一步挑战会是什么？他刚开始学习诙谐曲，曲谱就在面前展开着。房间里都是在做各种音乐项目的学生，他们不是老师安排过来的，而是因为他们想要在这里工作。这些项目是他们自己选的，而不是老师指定的。他们具有多元化背景，贫困程度、年龄、种族和民族都各不相同。

每个原型实验室都配备核心骨干教师——学习工程师。与此同时，还有实验室教师，他们开发一系列教学实践，如创客沉浸式学习或者项目制学习、如何使用先进技术工具、如何针对不同年龄的孩子展开联合教学。他们一起工作、观察学生；弄明白如何更好地使用学习空间；使用新旧工具开发创新学习机会。

在暑期实验室空间中，公平与机遇都是习以为常的。也不存在什么课堂管理，因为学生根本不需要执行学校中的那一套有严格时间限制、内容驱动的时间表。我们时常会随意使用参与这个词，但在我们这里，孩子们都在参与完全不同的项目，我们将其称为赋能。

在我们努力想要弄明白如何将赋能实践出来时，我们注意到教育结构限制了学生的自主学习能力，这使我们很苦恼。帕姆与使用Sonic Pi进行创造的年轻音乐家的交流提醒了我们这一点。试想一下，较之于教师视之为主导教学手段的视觉输入，音频技术会带来怎样不同的感官体验？毕竟，印刷文化传统推动了每个内容领域的教学，并催生了教师开展考试，以及整个测试行业制造出来用以大规模衡量学生知识掌握程度的各种考试。这使得我们质疑大多数成绩测试衡量的到底是什么。数学成绩更多体现的是识字能力，还是数学思维能力？科学内容在考试时的再次体现，考核的是学生对于科学概念的理解，还是阅读水平高低？对历史事实的记忆考核，和书面文章的考核内容，又怎样呢？我们对识字能力的着迷到底要牵制学习能力到什么程度呢？

三年前，伊拉挑战帕姆强迫自己去"听读"而非视读（因为帕姆读书轻而易举，而从对书面内容的加工能力来看，伊拉并不是）。一天，当他们参观学校时，伊拉对帕姆说："你有没有真的花很多时间去听，而不是去看？"

当出现了多种信息技术进行内容输入时，书面朗读不再是识字能力的唯一衡量标准。然而，学校仍然依照传统，从识字能力的视角考查学生是否成功，尽管人类刚生下来是靠听觉的，这是一种至关重要的，如果不是最重要的，也是与他人建立关系和学习的输入技能。然而，如今公立学校幼儿园的孩子们前几年的时间都在学习字母表。也并不是每个文化都这样。例如，在芬兰，孩子们直到七岁才会开始正式学习阅读。同时，在美国，我们选择将字母表定义为孩子早期在学校进行的最重要的认知学习，大部分内容是解码音素，作为识字阅读的前提。

因为伊拉的挑战，帕姆决定整个夏天基本只是听音频内容。当她转到另一种感官输入时，非常不容易。这也使得她思考那些听力学习者进入学校后，老师要求他们做的所有事情都是书面形式的，他们的听力能力在一些持有偏见的教师眼中成为一种缺陷。她对自己这次体验的关键反思问题是：

如果没有建立实验室，让教师可以挑战和解构学校规范，并从头开始创建新建构，我们如何才能挑战古腾堡所说的"写作、打印、阅读、记忆"这一学校建设和学习模式呢？

帕姆在经历了暑期这一沉浸式音频学习之后，她惊奇地发觉自己听力能力提高了很多。她也成了通用学习设计（UDL）的支持者，这一政策致力于打开一条通道，为所有孩子提供各种工具和资源。我们将通用学习设计重新定义为一种可供所有学习者使用的途径，而不单单只是提供特殊住宿，如果你说你有需要，这意味着你可能需要额外帮助。这听上去有些消极。但这并不是事实。每个人都需要有机会使用各种不同的工具，在当今这个年代，纸质书并不比音频书更好或更坏。教师需要做出一个价值判断，在学习实验室的行为研究也帮助我们挑战这些价值判断。

　　学习实验室帮助我们研究如何从技术、教学以及神经科学研究领域吸取新概念，并将其融入到创建连接型学习和学习者的途径中去。就像20世纪50年代老贝尔实验室的工程师一样，他们怎样迎接挑战，创建新的通信系统，我们也在挑战实验室中的教师成为学习工程师。他们成了观察者、研究者、发明者和实验者，将他们所学的转化到学习空间中，这与学校完全不同。他们这样做，不单单是为了某些特定群体的学生，或某些学校、某些地区的学生，而是为了所有的学习者。当我们的员工拜访芝加哥孩子博物馆、旧金山科学博物馆、纽约科学馆等学习实验室时，他们又带回来新的点子用到自己的实验室工作中，如虚拟现实工作室、视觉项目、播客工作室等。

　　我们观察到，孩子们在暑期学习实验室时，通常在不同的创客空间区域，父母进来送孩子或者接走，有时他们也会观看甚至与孩子共同参与。例如，我们遇到一位母亲，去年夏天带着自己的老大，但也带着自己三岁的孩子来到了实验室。小家伙没有被这群大孩子以及他们手中所做的吓到，而是坐在沙发上，吃着麦圈，戴着耳机，看平板电脑。而他哥哥则在忙着一项Scratch编程项目。一位老师和他哥哥一起工作，并试图将他的编码投到大屏幕上。另一个孩子，大概七岁吧，坐在投影幕前面，被这个大孩子和老师一起工作的景象所吸引。这位母亲看到了所有的学习场景。这种跨代的学习场景并非什么奇特风景，只是跟学校不同罢了。老师不单单可以测试跨学科整合电脑思维的非正式策略，同时也在这种混龄的环境中给学生提供帮助。

要理解不断变化的实践本身固有的复杂挑战，并非易事，也不是每个人都能胜任这样的工作。这就是与我们的教育探险家共同创建未来世界体验的美妙之处。我们将人们认为在公立学校不可能实现的想法带到暑期实验室中，想法设法将创新性思想变成现实，然后再将这样的实践带入到常规教学中。

改变学校标准

在展望如何使当今的学习体验更加与未来契合时，我们面临的难以想象的主要挑战就是，学校结构现有的传统中并没有太多值得保留的。例如，学生依然需要在学校里做很多的写作，但他们并没有学会怎样享受写作，或发挥个人能力，自主写作。老师对于五段式的文章情有独钟，但人们不会因此就自然成长为写作者了。

他们成为写作者，是因为受到了一些事情的启发，或者被激怒，需要做出改变，他们有这样的需要，有足够的理由要表达出来。这可以是发生在自己思想上的或者情感上的事，通过隐喻性的写作，他们可以表达出来。今天的少年，会通过个人博客或者其他数字平台，如YouTube等表达自己的观点。不论哪种方式，他们都发声了，并拥有受众，这是独立于学校式写作之外的。很多时候，最专注的学习往往发生在校外环境中，除非我们将这种经历看作是有价值的。

然而，经由我们所做的，我们发现在学区开展的体验式学习给年轻人提供了选择、机会和创造的途径。孩子们有动力要创造、要分享，但遗憾的是，学校却很快将这种驱动力消除了，除非他们能遇到一位想要保护好孩子创造力的好老师。我们希望体验式学习能够扎根于学生的好奇心和兴趣，并系统化开展，而不是偶尔某个老师在课堂上的灵光乍现。

一次，密歇根州一个小型学校的负责人告诉我们，"我坐在一群六年级男生中间，他们在数学上就是不开窍，但是后来，在一次开车回家的途中，我看到这些孩子们在一处农场为某个建筑物打地基。然后我就想，会有人被淘汰，但绝对不是他们"。

我们在打造理想化设计的版本过程中出现了对学校标准的挑战，现在越发系统性地出现在了教师和学生身上。一个十年级的孩子，受够了早起干家务，就在我们的机电实验室建造了一个Arduino控制的鸡舍。他以前州级几何考试没有通过，但是对课本上的数学知识掌握不好并没有妨碍他物理工程学和计算机工程学上的发展。他的实力促使我们帮助所有学习者建立学习的内在驱动力。

"这就是成为一名'创客'的精髓啊！"查德说。

学生创造的情境——鸡舍、猎熊、手机应用——这是属于他们的世界，也促进他们学习。我们的工作就是把相应的内容放入他们的世界中，让他们知道，当他们在建造鸡舍时用到了几何、代数和物理知识。或者当他们在讲述这个故事时，他们用到了单词、句子和段落等知识，我们的工作就是发现他们的世界，并帮忙建造桥梁使他们的世界与我们的内容和项目相连接。

环顾教室四周，了解正在进行的对话，你或许会意识到，你可以教任何一个班级、任何一种内容。这个班级可以发生巨大改变，这取决于谁在教授，以及他们想要设计出怎样的教育体验。你可以创造——一名教师可以教授公立学校课程，并启发一群核心社会变革制造者，查德的公立学校教师对他产生的就是这样的影响。他以前不知道自己是个改革者，但是那位老师创造的学习经历使他深受启发，走上改革之路。老师本可以让查德端正坐好，确保他做完了应该写的试卷，了解他应该知晓的事实。但是，老师没有这样做。她启发所有的学生在与自身相关的环境中，去思考社会、政治和政府——思考哪些方式可以启发他们，赋予能力给他们，在他们发现政府或者社区存在的问题时，能够做出改变。

老师在数学课上也可以做到这点。在英语课、文学课上也可以做到——多么有力的给学生赋能的方式啊！他们可以谈论人类历史进程上塑造人类文明的那些思想。他们会了解到一支笔要比一把剑更加有力量。然而教师很少给学生机会，真正在学校中运用这样的想法，因为他们不想这么做。这是因为学校设计理念是为了让人服从，而不是推翻这个制度。

创造也不是一个新词了。我们不知道会不会又是昙花一现。有些社会变革现在已经使教师可以用来作为一种工具了，或者义务教育内部的一种理念，我们可以用来作为推广进步主义教育模式的途径。当人们说"好吧，我们都不应该做创客的"，我们会问"你是怎么定义创造一词的呢？"每个人都需要知道怎样使用3D打印机吗？我们不这么认为。每个人是否都应该知道怎样表达自己的想法、知道怎样学习与这些观点有关的知识、知道怎样让这些想法成为现实，并真实地引入到社会，产生对每个人有益的影响呢？答案是肯定的。每个学习者都应该学习怎样去做，他们不应该只能等待学校老师去这么做。多年来，我们一直致力于通过迭代经历来实现这一点。我们拒绝培养如何顺从，而这正是当今美国学校的基石。

我们如何改变社会？如何改变学校的工业化模式？这真的是政治和理念问题。答案很简单。20世纪出现了两种形式的教育。一种是为了培养顺从的人，另一种是为了赋能。现有学校体系是为了使不想被赋能的人们顺从。我们拒绝这样做，于是和同事致力于创建创新空间，使年轻人去做事，这与20世纪大规模标准化运动中的功课完全不同。

尽管标准化运动的主导依然延续到了21世纪初期，但我们相信，对于我们国家学校模式是否需要改变这一问题，答案是肯定的。

我们相信改变会发生，但是只有当教育领域愿意尝试贝尔实验室工程师所遭遇的不适，比如学习实验室，这里没有传统、架构或程序，只有当看上去可怕的、激进的发明被看重时，才能创造一个足够变革的变化轨迹。我们发现学校在学习空间上的变化轨迹是，教师鼓励学生去做任何有助于培养探究精神的事——从创立、维护到研究蜂巢、到虚拟现实环境中设计服装——甚至这些都不会出现在标准化考试中，也不会出现在国家选择性责任机制中。

个人成长与实践

源 起

"当人们觉得自己无法改变时，我会感到很无奈。对于有这样感受的人，你会说些什么呢？他们只是认为改变是不可能的。但你需要做的只是放手去做。"伊拉认为改变的边界在于那些看到各种可能性的人们的能力。他一直推动教师走出校园去参观和观察其他各种不同的场景，无论是创客展览，还是室内攀岩墙。因为教师从学校内部形成自己的看法，这很难克服自己的认知偏差。我们选择性地关注周围事物，因此，对于不起作用的事情我们会视而不见，因为我们相信一切正常。我们对于挑战学校的思维体系表示拒绝，不承认学校需要经历彻底革新。只有根本的、深度的变革才能将教育转化为面向未来，而非只是对特许学校或超大规模学校简单修修补补了事。我们致力于这样做，因为我们对于学校的心理认知受自身观念影响根深蒂固：我们是谁、我们的价值观和信念、作为教师应有的行为准则，等等。认知偏差使得我们拒绝接受会挑战我们观点的数据信息，并吸收与我们观点相符的观点，进一步强化我们的认知。就如埃德·赫斯所说：

我们的头脑是快速有效的探索者和验证并确认信息的处理器，我们更容易成为持有认知偏见的学习者。而且，我们具有强大的自我防御机制，对自己既有的观点会做出防御和保护。另一种支持观点是，如果要加工与我们思想模式"有分歧"的信息，我们很有可能会将其合理化，使之与已知观点相符，这种现象称为"认知失调"。这就是我们的"人性"。

　　想象一下，早上你走进一个房间，里面都是老师，大家得知美国的教育体系失败了。你和团队要负责立即从头开始组建新的体系。如果要几个月时间完成，你是走不开的。你被告知，要从零开始组建，团队成员可以提问、想象、描述、思考和挑战所有有关学习的假设与偏见，并生成设计解决方案。零基础设计意味着你要从零开始，不能使用现在学校中存在的事物，无论是校舍、时间表、员工，还是课程表。如果不能根据对学校的了解去建造，那应该从何开始呢？

　　思考一下，打开你的Isearch日记（在云端或者拿出纸笔）写下你对学校的潜在认知偏差。你对于学校教育的哪些信念和价值观依然存在于生活中？对你，甚至对你的孩子有何影响？为什么？

结构化探究

　　当你不知道该从何做起时，你会怎样做？我们时常会问自己这个问题。我们如何教育现在学校中的孩子，让他们预备好成年后的人生？自动化和人工智能的发展会使大量的工作岗位不复存在。智能手机、智能汽车、智能手表、智能温控器纷纷涌现。杂货店里等待我们结账的收银员正在消失。无人驾驶出租车正在匹茨堡接受测试。由计算机算法写作的文章出现在了《福布斯》这样的顶尖杂志上。砌砖机器人在澳大利亚各个建筑工地上忙碌着。这一切，对我们的家庭、社区和职场，意味着什么？2030年、2050年和2100年的世界会是怎样的？

当今学校中的孩子如何才能准备好在这样的世界中生活和工作？

教育系统应该做出怎样的改革才能确保学生为未来做好准备？我们还无法预料未来职场将会有怎样的变化。

在我们的孩子长大后的未来，什么能力将会是职场最需要的能力？

停下来反思

尽管人们普遍认为公立学校教育的主要目的在于维持社会民主性，然而，学校模式应该是美国最非民主性的机构了，除了监狱和最虐待劳工型雇主。学校同时还代表着权力等级集中制，以及本国孩子能接受，但对成年人来说却是格格不入、无法接受的权威主义。查德说："学校是设计来要人服从的。想想使用卫生间这件简单的事，以及我们要孩子遵从的诸多规矩吧。"

我们怎样设计学校用以训练遵从呢？遵从导向的学习如何影响学生和教师？这样的教育方式的短期和长期的影响又是怎样的？

是什么阻碍我们打破遵从导向的教育方式？你会怎样开始打破你所在学校的遵从导向规范？

采取行动

尤瑟夫·瓦格海德（Yusef Waghad）在《教育学跨界：民主教育的不受约束的变化》（*Pedagogy Out of Bounds : Untamed Variations of Democratic Education*）一书中提到：

民主教育是教育理想，民主既是教育的目标，又是教育方法。引进民主教育的价值观包括在平等社区的自决权，以及诸如公平、尊重和信任等价值观。民主教育通常是解放性的，学生的意见和教师的意见都能得到平等对待。

要对传统等级制权威和规范式做法提出质疑，意味着你必须要花费时间去了解教室、学校和地区的格局以及现行的运作架构和流程。你可以从工作的每个层面入手，进行观察、请求、提问，并参与同事和学习者的讨论。

打破公立教育规范的四种行动

1. **评估你所在班级、学校和地区的学生守则**。可以与教师和各个年龄段的学生交流。请他们聊聊影响他们的规则，如卫生间守则、课堂作业规则、考试规则、着装规范、技术应用守则、聊天规则以及走廊规则等。寻找学校其他有关权威主义或权利分配的标识，如大家是怎样称呼教师的（是某某先生/太太，直呼其名，还是只有姓但没有先生/太太的尊称？），或者校舍周围的标识（如学生禁止入内，仅限教师等）。你所在学校的墙上是贴满了各种守则和遵从及权力架构的提醒，还是在用行动告诉大家这里是学生（当下的学生）被赋予权力，并掌控自己所在环境？

2. **与教师和学生交流，收集信息**。与你所在班级、学校和地区的教师相比，你估计学生会交流多长时间？他们喜欢聊些什么？教师会引导谈话到什么程度？"谁在说话？"会帮你了解到你所在班级、学校和校区民主化教育的哪些方面？年轻人如何得知他们的意见对教师很重要？

3. **研究学习能力这一概念，深入挖掘相关的非商业信息来源，找出其哲学层面的含义，以及其在行为上有怎样的体现**。你认为这一概念的极端例子有哪些？对你和年轻人来说，具备自主性意味着什么？学习者如何可以在自己学习过程中培养能力？教师在创造机会使学生对自己的学习有主人翁意识和掌控能力时，发挥怎样的作用？他们如何选择自己学习的处所、想要从事的项目、如何向真实的观众和教师展示他们的作品，以及他们想要做的事？他们如何与教师和父母参与并引导会谈，分享自己作为学习者对于自己的学习和成长方面的见解？

4. **勇敢开始一次对话吧**！鼓励同事参与讨论遵从导向教育和民主化教育的区别。对比两者显性或隐性教导给学生的对立的价值观。哪种价值观更能帮助学生为未来进入成人世界做好准备？

第六章
学习，为当下现实生活做好准备

伊拉：我亲眼目睹了密歇根经历了第三次工业革命。从前满是中产阶级工人的工厂，现在变成了机器人流水线。航运技术打开了全球劳动力市场，零部件制造商们举步维艰。过去的几代人，都将自己的生活和对未来生计的打算，建立在社会需要人们去做焊接、盖章、钻孔、拧螺丝等工作的设想上……然后突然，这一切都消失不见了。

帕姆：伊拉，我觉得学校管理者必须思考，你所看到的和正在经历的这些改变，对于现在接受教育的孩子们意味着什么？对于未来成年后的他们呢？我们如何帮助他们做好准备？技术发展使许多领域实现了自动化，从餐厅服务生到医疗技术服务，预计会有几百万的工作岗位因此消失，那我们的下一代、下下一代，能留给他们的工作还能有什么呢？

查德：学校的定义大都是已经过时的内容，学生们都了解这点。他们比我们理解得更深刻些。我们知道自己已经厌倦了，但有些人认为学习这些也是为生活做准备。然而，当今的年轻人对这一传统的智慧哲学表示怀疑。和许多教师或者普通的成人不同，这一代年轻人接触到的知识量，不论好的坏的，都已经远远超过了家庭成员、朋友或邻居掌握的书本上的知识了。或许，他们不如我们那时候好奇心强，但他们对于信息、网络和能力的获取却是没有界限的。

他们的声音可以通过意想不到的方式大声表达出来。当今的学校如何再次概念化，使用我们现有的资源呢？尤其是时间、网络、关系及能力，来民主化使用各种创意产品工具，从而发展健康的自我认知，并对社区和社会产生积极影响？智能手机占据了越来越多的工作、社区和家庭时间，如何维护好人文精神，是摆在我们面前的最大挑战。能掌控技术是一种能力。否则，人类就会被技术掌控。

应对未来：回归人类学习的基础逻辑

与其四处奔走呼告天要塌了，或者把头埋进沙子里，不如搞清楚科技、经济、政治和社会变化对21世纪的教育到底意味着什么。我们都了解，能够使年轻人立足于2050年的能力，绝对不同于我们现今从幼儿园到大学的学校课程历来所强调的能力。几十年来，教育改革者们一直致力于在内容上修修补补以改变学校教育，但是并没有什么改变。我们认为，修修补补并不会带来学生所需要的教育，使他们能在2040年、2050年或者2060年立于不败之地。我们必须采取重大行动，帮助孩子为未来的人生之路做好准备，一个我们无法想象或者无法清晰预见的未来。

新技术最初出现，是为了提高当下生活的效率。最初发明织布机用来织布，提高传统服装业的效率，20世纪80年代美国家庭开始使用微波炉烤箱以及录像机，也是如此。但后来技术改变了自身用途，进而改变了世界。动力织布机改变了财富分配方式、生活模式和消费者需求模式。亨利·福特的Model T系列汽车也改变了财富分配方式和农村家庭的期望，形成一个打破旧社会模式的公路网络。个人电脑最初只是算术计算机和打字机的结合体，通过电话线使计算能力从中央办公室进入到了千家万户，进而改变了整个经济。

当这些次生的、根本性的变革进入到家庭、社区和职场时，像我们一样的教师被迫思考，应当怎样更好地教育当代的学习者。20世纪80年代和90年代，学校对新技术做出的应对是合乎期待的。传统教室均配备了电脑，电影胶片换成了幻灯片。但电脑的出现又使需求发生了巨大改变。"法语学习者开始从魁北克市或蒙特利尔市报纸上阅读冰球赛事新闻，"伊拉说，"这为孩子们打开了通往新世界的大门，他们不想再回到盒子里了。"同样，15年后，帕姆写道："推特的流行使得我们无法阻止外界影响学校。伊拉和查德（当时还都没有和我成为同事）每晚都和我们的同事一起聊天，推动改革。他们是当时众多新一代的思考者之一。"

这些被迫发生的变化，使人们从认知权威——人们如何了解事情的真相——到对普通内容的容忍，到愿意参与消极学习。从连接因特网的电脑，到后来的智能手机，改变了人们的需求，我们必须要做出应对。

我们认为21世纪的教师需要成为创造者，能够开发情境学习机会，使学习者通过跨学科学习与他人连接。21世纪进步主义课程设置必须突出学习方式的重要性，而不只是学习内容。与其列出机器测试目标标准的细目清单，我们更看重学生如何学习获取重要信息和专业知识，网络、朋友、纸媒、成人，都可以是信息来源。21世纪的读写能力不再只是能够理解所读、所听和所看到的内容，而是要学习如何确定身边各人的可信度，以及与他们分享的信息的真实性和可靠性。不单只是具备数字化意识，或者传统意义上的读写能力，更重要的是，具备人文素养。

我们也留意到，尽管技术在世纪之交引发了巨大变革，今天，人类学习的基础在孩子身上依然存在。当我们分享当今有关大脑如何工作的研究，以及作为父母和教师的自身经验时，他们作为学习者，会做出回应。回应的方式有：图像、经验、故事、互动、合作、制造、运动、创造、设计、制作、学徒等。几百年前，人类社区自然习得的能力被当权者拿来当作教育方式，达到维护其政治、宗教、社会和经济利益及权力的目的。

当权者试图控制教育领域的方方面面：接受教育的人、课程标准的重点，以及教育结构从课堂设置到教师教学策略如何实施。"十人委员会"将普鲁士人的教育方式引进美国，主导美国学校的政治化和企业化进程，并促成影响深远的一件事：1989年在弗吉尼亚州夏洛茨维尔召开的20世纪总统州长教育峰会。州长们齐聚一堂，与当时风华正茂的比尔·克林顿总统一道，对《处在危机中的国家》报告做出回应，开展教育改革运动，并于2001年推出了《不让一个孩子掉队法案》。到2002年，国会授权每个州都开发了标准化考试，以满足责任要求，这一责任要求是20世纪的州长会议提出的，他们认为该要求将会颠覆他们眼中的低质量学校。这些考试使美国各个学校陷入紧张氛围当中，这是继克伯莱和杜威时代之后很久才产生的。

克伯莱将孩子看作流水线上的小部件产品，要对他们进行测试并采集数据点。

这一观点却很少有人反驳。我们至今仍然感激的是约翰·杜威的观点，他提出以人为本的教育方法，与克伯莱的科学管理理念完全相悖。进入21世纪，再回顾约翰·杜威进步主义教育信条，会发现其中的学习框架完全不同于标准化运动的要求，而后者主导十二年连贯制学校教师的工作内容，以及职前教师从大学教育到获取教师资格证的预备项目。杜威在《经验与教育》一书中这样写道：

> 传统教育不需要面对这个问题，它们只需要有系统地逃避责任。学校里只要有课桌、黑板、小型学校操场等，就已经足够。教师不需要熟悉了解当地社区环境、历史、经济、就业环境等，也不需要使用这些作为教育资源。相反，建立在教育与经验的必要连接基础上的教育体系必须忠实于教育原则，并持续将这些方面考虑在内。对教育工作者的这一要求，也是进步主义教育要比任何传统教育更难实施的原因之一。
>
> 教师个人指令时常扮演不恰当的角色。这样的秩序之所以存在，仅仅是为了让学生服从成人意愿，这一切，其实是环境强加给教师的。学校并不是一群人共同参与活动而构成的团体或社区，它也因此缺乏正当、合理的管控。这样的局面往往会导致教师总是以"维持秩序"的名义直接打断学生。教师这样做是因为秩序是由教师来维持的，而非存在于正在进行的工作氛围当中。
>
> 结论是，我们称之为新学校的环境中，社会管控的主要根源在于社会企业所做的工作本质：个人有机会去参与，并且每个人都有深深的责任感。

我们应该解决怎样的挑战

我们的工作重心并不在于教育实践的渐进式改变，而是致力于彻底转变学校的教学和学习文化。每个教师和整个教师队伍要改变教学法，就必须努力学习如何在当今世界中学习。这意味着要与同事和导师相互协作进行反思、探究和学习。思想启发和信息加工使得个人成长不只是停留在表面，而是深刻变革，彻底颠覆年轻人的学习体验。职业化的学习机会从规范上传下达、课程驱动职业发展，到实验式学习，使教师从学校这一框架中跳脱出来。当教师能够将自己看作是设计者、创造者和创客，并愿意不断学习，这就改变了他们在工作中接触学生的方式。

我们与地区教师一起学习和使用更为进步的教学方式，例如创客学习、问题导向学习、项目导向学习等。对年轻人的教育方式出现了一种新变化，教师首先从了解学生开始，然后才是帮助学生熟悉学习情境。他们在了解教室中的学生，并思考自己所了解到的情况之后，而不是之前，才将学习标准要求引入学习情境。他们与学生共同思考使学生产生重大想法的问题，以及需要学习的重要概念。他们先思考学生怎样学习，然后才是应该学习什么。他们会提出这样的问题：

我们可以解决的问题是什么？

你想创造的是什么？

我们如何可以设计……？

还有谁会对此感兴趣？

你该如何分享学习呢？

我们也会问教师另一个问题："相比只是策划教学内容标准，或片面地强调教学技能，如果设计跨学科学习，在与学生共同设计的多学科情境中学习，结果会有什么不同呢？"我们认为，当学生创造、思考、制造、探索新观点、设计、建造，并搞清楚他们认为值得解决的问题时，他们就为自己的学习赋予了意义，也选择了自己喜好的学习方式。这样做时，他们何时需要一起学习或者何时需要完成任务就都有了意义。这种学习提供了相关的情境，让他们预备好人生——组建家庭、融入社区、成为有思想的公民、能胜任本职工作的员工以及终身学习者。

教育领导者太多时候认为教育变革应该始于提出一个方案，解决内容学习问题，进而上传下达指令，将这一方案推广到各地。然而，无论是学校使用iPad教学，或是加入创客教育，凡是通过上下传达指令的方式使师生使用某种项目的方案，尽管他们都宣称会彻底变革教育，最终都会无疾而终。要创立一所学生从校长和教师那里夺回权力，进行自治的学校是完全不可能的。因此，我们的教育体系内，各个学校开展的创客工作、创客空间和创客项目都各不相同。我们也有期待（非常高的期待），但是不会要求所有人都遵从一种模式。

我们鼓励在各个学校大规模推广伟大的思想、理论和战略，但不鼓励推广实践项目。毕竟，并不是每个人都要像我们一所中学的孩子那样，在餐厅建造树屋。这是学校自己想做的。另一所学校的一群中学生决定建造一个高空气球装置，并进行放飞，这也不是每个中学生都要去做的。

有些学生想做些不那么雄心勃勃的事情，于是就用硬纸板做了一个九洞推杆高尔夫球场。这些项目以及这样的学习环境，需要激情也需要老师和学生具有相关经验。

具体做什么不重要，重要的是当孩子们做这样的事情时，他们彼此分享观点，共同发挥创意。他们自然成为更为深刻的批判性思考者。他们学着分享专长以及如何寻找专长。

第四章提到的朱利安最初对无人机感兴趣时，他发现了自己对于网络的专长（也是当今世界运作的方式）。然后他开始在所在高中指导他人试飞无人机，并最终指导初中生，甚至更小的学生。现在，我们五年级的学生有的在幼儿园混龄班教室里给孩子们开设无人机飞行员迷你课堂。高中生觉得无人机飞行学习已经有些过时了，因为当更小一点的孩子在学习无人机技术时，这些少年已经将兴趣转移到了掌握虚拟现实技术上了。

为了适应当今世界，我们认为创客项目、年轻人自己创造的以及和他人共同创造的项目必须成为真正的课程。正是这些智能机器时代出现的课程，使得学生们可以培养沟通能力、设计能力、写作能力、使用专业词汇和涵盖数学、物理及公民知识的综合知识。

这一切怎样才能实现呢？一群初中生决定要开展这个高空气球项目时，他们不会想到这个项目要花费整整一年的时间才完成。他们学到了一种沟通语境，这在过去是完全不可能使用的。首先，他们需要在气球升空前数周联系联邦航空局（FAA）确定试飞安排，然后，在按计划订好的周二早晨，两个女生将这个项目概念化，并参与打造这一高空气球装置，拿出智能手机，与华盛顿空中交通管制局夏洛茨维尔地区管制人员通话，并与两个控制站间的联邦航空局保持联系。与此同时，一帮满脸惊讶的父母、教师和当地媒体都赶到现场观看。

整个学生团队的兴奋激动是显而易见的：他们检查10英尺高的气球下方悬挂着的、装在小型泡沫聚苯乙烯冰冷却器中的GoPro摄像机，他们还利用了某种跟踪器应用程序来追踪气球飞行。跟踪器应用程序与他们自己制作的系统控制器绑定，以便气球着陆时，他们能够找出气球的位置和着陆的时间。多次试飞纠错后，使各部件重量与氢推动剂达到精确平衡，气球最终升空成功，并且一瞬间脱离了跟踪器应用程序。对于那些仰望气球和广袤天空的孩子来说，这一刻是终生难忘的——他们花费一整年时间完成的这个气球项目，让他们深刻地感受到学习的乐趣。

高空气球后来的着陆地点，非常接近学生之前自己测算的降落地点。降落四天之后，他们找到了气球，关掉跟踪器电源，取出气球高空飞行时记录下来的影像，将其上传到YouTube上，与世界分享。直到如今，帕姆手机上还保存着记录这次飞行数据的应用程序，以及气球着陆时的GIS地理位置。他会随时拿出来与他人分享：当学习情境变为学习内容，而非只是后者一部分时，孩子们能够做成什么。其中一位家长评论道："这真是终身难忘的学习经历！"

对于当今世界的所有人来说，这就是真正的学习应有的样子。当我们想到孩子们能够在最有意义、最真实的情境中体验到教育的乐趣时，我们为此兴奋不已。学习开始变得有意思，学生愿意来上学，不是因为义务教育法的要求，而是因为学习这件事对他们很重要。

简单又复杂的解决方案

愿意与教师一起化时间去做一些从未尝试过的改变，这件事本身就很有挑战性。思考一下大多数学校的教育方式，人们都认为应该对学生的一言一行严加控制，这就是传统意义上的课堂管理理念。教育工作者需要改变这种范式。

为了做到这一点，我们邀请了新来的图书管理员与专业教师共同参与暑期CoderDojo项目，大家共同设立愿景，深入理解我们正在努力实现的目标，并思考图书馆如何成为这一过程的加速器。由此我们开始写作这本书，观察孩子和青少年的世界。

我们也了解到，教师对于在做的事情存在担忧时，领导和同事可以共同应对。但如果从不正视这些担忧，改变就很难发生。

伊拉每年在CoderDojo项目开营时，都会说明以学生为本，学生自觉、自主，意味着年轻人要做的事情要由学生自己来决定，并且由兴趣来引导。他说："我们观察学生，看他们能够做些什么。"当教师成为学生观察者时，他们开始打破自己对于学生能做什么的担忧。我们经常问教师"你能想到的最坏的状况是什么"。有时，你需要让他们有机会说出来，并换个角度去看。有些人可能会说如果学生把学校点着了，那可太糟糕了。然后，伊拉会说"但是我们有自动喷水灭火系统和灭火器，还有其他各样设备来应对"。

类似的情况也发生在一位图书管理员身上。几年前，当校长告诉她，需要由学生参与整修图书馆时，她站在办公室门口，说"我不想这么做。

真的不想这么做"。校长是怎么回答的呢？"我们在整修图书馆。这件事必须要做的。"因为同事的高度支持和校长的高度重视，她最终清理掉了20%的书，这些都是多年来没人读过的书。尽管她刚开始时是抗拒的，不想对图书馆做出任何的改变，但这件事情还是照常进行了。她之所以有这种担心，主要还是因为她不清楚学生究竟能做什么。她不允许学生自己爬梯子到阅读角，因为以前有一两个学生出现过问题。她会跟其他的图书管理员坦诚交流自己的担忧，在他们的鼓励支持下，她开始做出改变，愿意冒险改变自己与学生、同事和图书技术的互动方式。

图书馆发生的最大改变是什么？她现在是一位人人想要效仿的图书管理员：在图书馆这一重新设计的学习空间中，尝试新技术、新日程表和新的教学策略。

控制并不是教育的本质

在当今的现实世界中，成人需要帮助学校中的学生成长为善解人意、受人尊重、能包容他人，同时又能积极主动与人合作和充满好奇心的人。学生需要培养多种能力：能够浏览网络搜索信息，找到创意方案设计挑战任务，解决问题，使用多种语言和非语言的方式进行沟通，并能与多元化的同学一起出色地工作。这些也是前瞻性的未来主义者认为在2040年、2050年和2060年的生活和职场上获得成功需要具备的能力。

我们发现了一个最佳结合点：当教师具备良好的哲学背景、世界观和性格特点，他/她就可以与学生建立良好的信任关系。学习就是建立信任。学生信任他们的老师，也需要同样信任他们身边的同学。一旦建立起这样的信任关系，教室里就会发生翻天覆地的神奇变化，或者是培养起领导力。而且，这点在不同组织之间也是适用的。

我们将所学的有关控制的必要性的理念用来瓦解各种借口、打破将顺从深深植根于学校社区的规则。在各地的学校社区，领导者都会招聘满足某些要求的员工。我们也不例外。面试时我们会问："你有文凭吗？有证书吗？有认可证明吗？"我们也时常想办法如何摆脱这种做法。这样的规定也许有些益处，但我们知道规则本身不能带来学生需要的除听课、参加考试和通过考试之外的其他方面获得成功的理念和实践。我们也在努力寻找对新想法新策略持有灵活和开放态度的老师。他们自己就是终身学习者，可以分享自身成为高效能人士的经历，以及他们如何将学习能力从自身转移到学习者身上。

我们会和尝试寻找与年轻人共同学习的新途径的教师共同庆祝。带他们参观学校图书馆，与图书管理员就如何将图书馆转变为学习公共空间进行交流，也会带他们去认识改变自己工作方式的老师，无论是在教室、音乐工作室还是机电一体化工作室。我们也会邀请进行教育改革的教师来指导他人，帮助他们寻找新策略，无论是有效使用技术，还是将多种选择和舒适度融入课堂。

教师这个行业，并不能带给你丰厚奖金，却可以成就他人和他们的工作，进而提升他们的效能。这是作为教师的自豪感。这样做时，也是在安慰他人，走出安全区，敢于去尝试改革。这样做时，我们帮助到的不单单是学生，还有其他教师，让他们学着与学校以外的现实世界周旋，去成长。

个人成长与实践

源　起

约翰·杜威的教育理念在20世纪中晚期的学校教育中广受推崇，却在20世纪90年代到21世纪的教改运动中被冷落了。杜威认为，家庭和社区参与构建有意义的以孩子为本的学习情景和知识框架，通过共同参与实验学习活动，可以帮孩子做出自己的学习选择。他的这一理念在芝加哥附近的克罗岛学校（Crowe Island School）开展的建筑设计工作和实验教育中，以及全美更为进步主义的学校社区中都可以见到。

20世纪70年代，伊拉就读的新罗谢尔高中奉行的3I教育理念（探究、参与、独立学习，Inquiry, Involvement, Independent Study）就是源自杜威的理念，从尼尔·波茨曼（Neil Postman）和艾伦·夏皮罗（Alan Shapiro）的哲学眼光来看，这就是体验式学习。他们两位根据大卫·梭罗的观点打造了这一理念：

我主张他们不应该以生活为游戏，或仅仅以生活做研究，还要人类社会花高代价供养他们，他们应该自始至终，热忱地生活。除非青年人立刻进行生活的实践，否则他们怎能有更好方法来学习生活呢？

波茨曼和夏皮罗写下了学校奉行3I的理念：

大多数学校的课程基于一套实验教育不认同的假设上。例如，大多数学校都认为：（1）讲解和理解知识的最佳方式是编成不同的"科目"；（2）有三门"主科"和三门"副科";（3）这些科目你都要学习，一旦学完了，就不需要再学了；（4）大多数科目都有既定的"内容"；（5）这些科目的内容都差不多是固定的；（6）教师的主要作用就是"转化"其内容；（7）要这样做的最实际的地方就是在某栋中心建筑的房间里；（8）学生最好每45分钟一堂课，一周五天；（9）当学生认真听课、阅读课文、完成作业，或者对于讲课内容"全神贯注"时，他们学得很好；（10）所有这些步骤都要进行，以便为将来的生活做好准备。

换句话讲，我们假设（1）学习的最佳方式不在于作为预备人生的手段，而是在真实的生活场景中学习；（2）每个学习者最终都要以自己的方式组织学习；（3）学生面临的"问题"和个人兴趣，是开展学习体验时更为真实的架构，而非各种"科目"；（4）学生能够直接真实地参与所在社区的精神生活和社交生活；（5）他们应该这么做；（6）社区也极度需要他们参与。

这套理念有时被称为教育的"柔道"原则。与其去阻止、抗拒或者中和学生天生的好奇心、智力、精力，和青年的理想主义，不如使用这一切作为教学情境，使学生和所在社区都发生改变。因此，实验式教学降低了对于教室和学校校舍的依赖，将社区相关难题和学生个人及自身兴趣转化为"课程表"，致力于创建一种社区责任感。

学校如何改变才能成为杜威、波茨曼、夏皮罗所设想的现实世界的学习环境呢？教师角色应该如何改变？所需要的学习空间呢？课程安排呢？对于学生活动和行为的要求呢？

现在可以打开你的Isearch日记，（在云端，或者用纸笔）记录下你的想法，提出好奇的问题，并记录下自己对教育的观察。如果我们想要实施体验式教育，以此替代20世纪晚期和21世纪早期的以内容为本的学校教育方式，结果会怎样呢？

结构化探究

你认为波茨曼和夏皮罗说"我主张他们不应该以生活为游戏，或仅仅以生活做研究，还要人类社会花高代价供养他们，他们应该自始至终热忱地生活。除非青年人立刻进行生活的实践，否则他们怎能有更好方法来学习生活呢？"这句话要表达什么含义？

学校能否成为学生学习和生活结合的地方？怎样才能找到理想化学校，能够实施实验式学习？你对这样的学校中的学生、教师和行政人员有什么问题想问？

停下来反思

你认为，公立学校总体上能否转变为体验式学习环境？是否应该这样转变？为什么？如何将你的课堂、所在学校、所在地区反转为体验式学习环境？

采取行动

表面的改变更容易做到。我们可以将不同的项目、技术和设施引进学校，帮助学校为学生提供体验式学习的机会。而深度变革（*教育理念、*

文化和教学实践上的变革），则要困难得多。然而，我们知道，只要付出时间、关注，给予支持，教师就可以抛弃掉改革之前的各种有关教学、考试、课程范式等旧有做法。伊拉在他的博客里记录了参与3I式学习的学生的体验：

大部分学生都不在学校。因为，如果学科学的话，可能在城市温室、地方医院，或城市公园某处我们自己创建的传统农场。如果要学新闻的话，学生应该是在创办学校周报，或者在当地广播电台与深夜新闻栏目组一起追踪报道新闻事件。如果要学城市规划的话，可能会在市政厅的规划部工作。想学心理学？午夜过后，去中央车站采访一些无家可归的人吧。想学文学？晚上去一位老师家中，喝茶聊天吧。当然，也是有课程要学习的，只是，是巨大差异化的课程。

成为探究型学习者要采取的四个步骤

1. **约翰，密歇根州的一位教师，一天早上，和平常一样，他和伊拉开始了一堂课，学生们都不怎么积极。**一起思考后，到下午时，他把桌子挪到一边，允许孩子们自由选择学习时何时想坐着，何时想站着。这只是做出改变的一小步。每天都问自己一些问题，去挑战所在课堂、学校和地区的规范——需要做出什么改变，使学生们能够更好地参与到体验式学习中？24小时、一个月，或者一年，你能做出怎样的改变呢？

2. **查德会寻找每个机会，搜索资源帮助教师做出改变。**他借助自己的预算和合作伙伴，创造机遇，解决更具体验性的难题和项目工作。他也会强调说，你不需要太多资源就可以创建一处创客环境，例如，可以使用家中物品、硬纸板，或者管道胶带等。要一直留意你需要的各种资源，帮助学生能够提问、参与和独立学习。有时，也可以通过众筹网站筹集到资金，如Donors Choose、家长组织，或自己发传单。记住，如果你从不开口求助的话，答案永远都是否定的。

3. **自我教育**。将自己定义为终身学习者。不要等到地区或学校领导来帮助你个人发展。长期以来，我们已经形成了自己的理念：挑选由学生公认的、一直致力于提高公立学校学生生活状态的人做导师。我们一直致力于从各种可能资源搜集信息和专长，从社交媒体到纸质书籍。我们研究那些不断挑战极限、勇于冒险的人，并向他们学习。与他们交流。观摩他们的课堂。邀请他们参与我们的工作中，并与他们共享工作内容。

4. **远离"有毒人物"**。教师有时会说"是啊，不过……"或者"我们已经尝试过了"或者"那些孩子不能……"。记住，那些反对者是执迷于现状的，他们不想给自己添麻烦。这不意味着说那些挑战改变的人都是反对者。他们并不是。分析型人士认为，在改革过程中总是唱反调、认为会有风险、会失败的人，其实可以帮助我们在新想法崩溃之前，及早发现潜在后果。那些拒绝承担风险、拒绝思考如何设计教学实践、拒绝为学习者提供机会、拒绝让他们参与到基于自身兴趣的学习中、拒绝放弃控制权以便年轻人可以自己把握自己学习内容的人——这样的人很少，却是改革进程中最直言不讳的反对者。

Timeless Learning

How Imagination, Observation, and Zero-Based
Thinking Change Schools

第七章

打破藩篱：开放学习空间

CHAPTER 7

Break Down Walls:
Opening Spaces
for Learning

吉尔·德勒兹（Gilles Deleuze）认为："社会是由其融合度来决定的，而非其工具……工具仅仅与它制造的、或者与制造它的混合物相关。"关键问题是，观察者的历史不能简化为技术和机械实践的改变，更应当看重艺术作品的形式与视觉表现。

——乔纳森·克拉里

伊拉：学习的概念需要重新定义了。近两个世纪来，我们总是混淆了目的与技能、目标与习惯，但是不能一直这样下去。"阅读"不是解释字母符号，"学习"也不只是坐在教室里。新技术和新的社会模式使得我们可以将上述因素区别出来，这点很好。比起在传统学校中，在不断扩展的环境中，学习与学习者融为一体，使混合学习的概念得以清晰展现。

查德：我们发现全方位使用工具，可以创造机会，使人们能够一起寻找新的学习途径。学校的厨房很重要，还有电话、电脑、激光切割机和3D打印机等，都发挥着重要作用。每个工具都为社区成员相互学习提供了种种可能性。

帕姆：当伊拉来时，他说，这不是什么"附加"工具，"我们是在采购虚拟现实系统"。准备临时创客空间工具包时，他将各种工具，无论是手工工具，还是圆锯片，都带到了中学甚至是小学校园中。这些都是为每个孩子提供机会，践行"用尽一切办法"的教育理念，培养学生知识学习和技能学习的重要课程实践。

根系式传播：学习社区变得更为互联

当我们推倒藩篱时，无论是比喻意义还是真实发生的，在教室之外进行学习，就创建了一种新的学习过程，这是立足于通用学习设计，并且针对童年和青少年的人文教育观。当我们打破藩篱时，学习在很多方面成了德勒兹式（Deleuzian）教育方法，孩子天性得以释放，使这种学习方式更为流行和自主，这与传统的、自上而下的孤立的学校模式下的等级观念截然不同。

打破隔阂，构建开放空间的过程——实际发生和概念上的——对于真实和重大变革至关重要，这使得各种观点、资源和人都可以快速传播和彼此连接。21世纪的各种工具推动和促进了根系式传播，使得学习社区可以打破等级制领导模式设立的障碍，变得更为互联。工具不是社区，而是可以多种方式支持社区"融合"，这在2007年之前的世人来看，是不可思议的。史蒂夫·乔布斯和苹果手机的面世，使世界的连接性呈现指数级增长。在我们学校，在世界各地，可以用来帮助、连接、维持学习和人际关系的各样工具都很重要。

因为定义学校的障碍已经消除了，学校社区成员之间、孩子和成人之间的关系，得到了进一步发展。我们注意到，在一个扁平化非等级制的环境中，从上而下的领导架构不存在了，对于社区成员（无关乎年龄）来说，会更有可能进入教师和学习者的角色中去。我们看到，十几岁的少年从零开始，参与创建一处录音棚，然后与学校老师一道，共同开发和讲授"阿尔特–音乐"（alt-music）这门课。我们也看到，高中学生热爱喜剧，使得他们乐意去做小学英语学习者的戏剧老师，帮助他们通过艺术途径掌握语言。当我们观察各种不同的能力时，生活的能力出现在了社会学习社区互联当中，在这里，人们注重交谈，自觉保护好奇心，探索新的想法，时间限制不复存在。这就是根系能力：社区知识通过语言、图像和互动得以传播。

我们的工作扎根于德勒兹概念框架，使得我们可以从根系隐喻角度思考，并将工作与多样化的定性和定量本质相联系。我们注意到，在我们地区和国家间存在一种分歧，即大多数人驱动的学习理念为定量论，而少数人认为学习理念为定性论。非黑即白的教育本性转变成了多样性，学校项目则反复摇摆，应对不同的理念方向，通常是来自政治影响。在正式教育环境中，从数学简化与诗歌整体对比角度看待认字能力，再明显不过了。或者从学校组织结构的等级化与根系式对比上也是如此。

多样性概念使有关推理与诗歌的古老的争论发生了变化。定量的多样性可以通过逻辑、数学或科学方式获得。定量多样性则需要更为宽泛的调色板，对每样事物的细微差别加以着色，在此，哲学与画家、作家、导演或雕塑家成为同盟了。

——坦皮奥

20世纪有关教育的研究大都集中在使学习有意义。引领第二次世界大战后日本重建的美国经济学家W. 爱德华·戴明，在商业领域里将其称为"仅通过有形数字进行管理"的失败案例。我们将定量管理嵌入到工作中，呈现出完全不同的模式。所有的学习者都可以苗壮成长，因为这一体系更少强调等级性，更多受根系传播隐喻的影响。

我们观察到，其中一种根系状路径，得以在创造生成识字能力的教师中传播，这与普通学校历史上的识字能力并不相同。生成识字能力概念在学校间传播和演变，这一概念起源于保罗·弗莱雷（Paulo Freire）的框架：在非正式的培养识字能力的环境中，使用生成性文字可以帮助人们成为活跃的社区成员，而不是简单、被动地在学校中学习书写。我们发现，打破局限，开放空间，创造生成性空间，对于提高识字能力是至关重要的。的确如此。孩子使用各种设备和工具，帮助当今的他们对于受教育有了更为综合的认知。

当正式与非正式的混龄和联合教学推广开来时，学生们的识字能力发展更为迅速了。他们在社会化学习社区中，与不同年龄的孩子一同玩耍和学习时，将学到的词汇知识又拓展出去了。在这样的自然学习社区中，来自多元化文化背景中的孩子将各自语言的精华带入了所在的学习社区。语言在学生中自然传播时，他们建立起了复杂的理解能力，深化知识，并培养起表达和接受文字的能力。他们从非母语的环境中，也从多种文化共存的环境中，而非只是传统的盎格鲁文化中习得学习能力。

然而，要让生成识字能力得以传播，学校必须创造路径，支持年轻人学习使用多种形式的公共媒体进行交流，使他们有机会作为学习者根系状彼此连接，向那些专家、观众、地方社区和世界，就自己的学习自主发表意见和发挥影响力。这就将生成识字能力由单一地从课文到试卷，变为在更为广泛的连续性的沟通工具上，使用本世纪的各种不同语言。

重新定义阅读和写作

在当今这一后古腾堡时代，从当代技术角度看保罗·弗莱雷的生成识字能力带来了如同古腾堡打印机一样的变革性。如果我们要让孩子们有机会在各种不同层次的人际沟通中胜出，当下对"阅读"和"写作"的含义就需要重新界定和理解，这对于学习来说至关重要。

学习模式已经从"写作—打印—阅读—记忆"转变为"探索—连接—沟通—制造"。为了能够在这一转型期让学生更好地成长，教师必须摒弃传统教学法和使"学习"及"受教育"变得更为狭隘的地方（教室），转而使用当代工具、教学策略、话语及场所，使年轻人产生过去从未有过的真实的参与感。

例如，"写作"的重要性不言而喻，过去五百年间很难给出定义——一种纸上打印出来的文本，或是一种界定"真理"和"认知权威"的极为有限的一种沟通方式。尽管形式和结构各不相同，写作太重要，因为这是无权力者通往权力之路的手段。写作的重要性不单单体现在如何写作一篇"五段式文章"，或者"比较与对比"式的书评，而是在于能够清晰地通过个人和团队协作将观点表达出来。不论是必要时发给老板的一条短信，还是在政治领域说服他人的能力，或是以某种形式通过阐述自己的经历唤醒那些没有类似经历的人们的同情，能够"沟通良好"是极为重要的衡量标准。

以上两种情况中，教学方法变得不如学习过程重要。我们的学生会进行纸质阅读、听音频书籍、通过文字转语音、观看视频、观看剧院演出，或者观察世界。他们写作的方式也各种各样：可以使用笔、或大或小的键盘或触摸屏、向手机和电脑发出指令、录制音频、制作视频、进行戏剧或艺术创造，或者创作音乐。我们不会歧视那些身有残疾或某方面能力不足之人，不会限制他们的学习，也不会对另一些人给予偏爱。因为这样会剥夺孩子们的影响力和他们个人发表意见的机会。多样化的目的在于：建立最好的协作、最深层次的学习，通过复杂途径拓展机遇。

因此我们首先将写作的教学方法从对某种写作能力的训练，转为人际交往的艺术形式，从关注学生自身转为创立学习社区。因此，通过将教学场地重新构造为"学习空间"，我们创建了"工作室"，学校中的所有技术（时间、空间、工具、教学法等），都是为了解放和启发学生，而非只是为了讲课和考试。使用这些改造后的技术，沟通式学习就实现了。

通用学习设计

我们学校所在校区，通过生成识字能力为所有不同层次的学生打开了学习之门，这要得益于他们对通用学习设计全球化的应用——借助学生的热情和自由选择提高参与度，重新界定沟通过程，使每一间教室通过这一"开放性"满足学生们的需要。这一过程始于将通用学习设计的历史性情境与"工具箱理论"（Toolbelt Theory）一起带入学区，基于学生选择的技术设计。这与以学生为本的民主化教育的领导力培养相契合：

创新来自学生需求，而非中央计划，其发展过程与我们许多教师长期运作的工作坊模式相一致。最终，一群具有一手经验的教师对现有的教学模式表现出极大的不满。

我们与同事共事很久，对于"由内而外和由外到内"系列的学习场景进行了协作式探索和反思，并且探索我们是如何移除由教室和学校的墙壁创立的障碍。就如D. W. 梅尼格（D. W. Meinig）在其著作《注视的眼睛》（*Beholding Eye*）一书中所提到的，因为我们各自的背景、信念及对教育的观点都不相同，所以我们对于变革的感受迥然各异。这项工作最初在本地展开时，在学校内部和各个学校之间建立了不同的学习开放空间，因为每个人进入这一领域的时间各不相同。然而，我们共同承担开展进步主义教育的使命，让每个孩子都有机会享有教育公平和机遇，享受丰富的体验式学习。正是这一点将我们和那些本地和外地的教师们凝聚到了一起，一同创建不同的学习者体验。

其中一种变革在伊拉第一天在地区上班后就开始了。在主题为"建立连接"的区域教育年会上，他做了题为"后殖民时期的影响依然在当今学校存留"的演讲。该区域会议模式于2004年首创，目的在于将正在兴起的进步主义教育理念和实践传播到区域内外。

伊拉第一天发表的工作坊演讲并没有什么特别之处，这是学区时不时给教师们提供的"一刀切"式职业培训内容的一部分。但是，在那一周时间里他与教师、图书管理员和校长密切交流，这一切实扎根于学校的工作，时常启发他们换个角度思考学校，这引发了自2010年开始的S学习曲线的拐点。会后，驾车回去的路上，我们经过一所学校，这所学校愿意在教育和技术融合方面进行深化改革，并刚签署了本地区第一份针对六年级学生一对一的笔记本电脑使用计划。笔记本电脑刚引进来还不到一周。帕姆当时随机说了一句："伊拉，我们停下来，去看看他们做得怎么样。"

那天我们去拜访的这位教师一如既往地发挥着重要作用，帮助我们理解具有冒险精神的教师的重要性，以及愿意做出重大教育改革的心志：将学习从纸笔模式转为使用设备，将新工具融入到学习文化词典中，尽管这样的转变是看似不可能完成的挑战。林恩也参加了"建立连接"主题的教育年会，会上她听到工作坊的另一位教师分享自己当时使用的新应用Edmodo。她是愿意试行在全年级推行人机比例1：1应用的四位老师之一。会后两天，她兴奋地说："太棒了！我要把这个Edmodo用在我的孩子们身上！"

她是一位勇敢的教育探索者，愿意冒险去尝试新的应用；像这里提到的，尝试新技术设备、新应用；新的教学策略，在自己班级的所有学生采纳和运用通用学习设计教学体验。

当帕姆和伊拉前来拜访时，她的学生正在使用全新的Edmodo应用在学习，孩子们唯一想做的一件事是怎样制作自己的阿凡达。林恩帮助他们写作有关罗密欧与朱丽叶的段落，说"你们看，段落看起来应该是这样的"。然后她把智能手机上的段落投屏到了大屏幕上，孩子们差不多可以照着自己写作。他们都没有注意林恩，因为有了自己的新电脑，实在太兴奋了，还有一半的孩子搞不懂如何使用这款应用。这天，林恩不允许他们相互帮助，尽管他们愿意主动这么做。这位了不起的老师进度飞快，工作勤恳。看到她努力走下讲台，教每个孩子逐个操作电脑，帮助他们进入系统并开始使用，这看起来的确不容易。

我们意识到，这并不是理想的1∶1的技术应用。但很了不起的一点是，这位果敢的老师敢于尝试新事物。而且，她真的这么做了。下次我们再去参观时，她正在做一个项目，学生们在为自己想要制作的默剧电影写剧本。她活力十足，学生们也是如此。学习焦点从学生们一直使用新设备做的事情转移到了使用新工具改变文化、改变社区和改变学习流程，这开启了数个世纪来一直对学生关闭的教育之门。

之后的一年，她改变了学习文化和教室空间，而不单单是新工具的应用。这间教室成了所在地区第一间DIY教室。到学年末时，她已经将至少一半的椅子挪出了教室，换上舒适的椅子，并建立起选择观念，即学生对于自己的技术设备，可以自己选择用或不用，怎么用，在哪里用。第一届的六年级学生将舒适度搬进了教室，所以，她的教室里有一面墙堆满了学生们的枕头和毛绒玩具，这样孩子们在写作工坊学习时可以拿来使用。

林恩参与这项六年级1∶1的技术设备试行计划以来的这些年，已经在两个新年级尝试过这个方案。最开始是在七年级的学习空间联合教学，现在是在八年级与一个顶尖的语言团队联合教学。然而，来访者还是会看到孩子们或坐或站，或者躺在地板上，使用笔记本电脑来进行写作、阅读，或者进行项目学习。他们也自然会注意到她迈着从容的步子在教室中走动，与学生一起做事，最开始往往很难分辨出谁是老师，谁是和她一起学习的学生。如今，林恩的教室已经变得完全不同，在这里，学生具有绝对选择权：他们可以自己决定怎么做，何时他们可以坐着、站着或者斜躺着来进行写作、阅读或者项目学习，使用或者不用自己的1：1的设备。他们对于所从事的项目、小组成员、展示自己学习成果的方式也具有自治权。她的学生在多种平台都展示出良好的沟通能力，从不可靠的州级考试，到更为真实的个人档案展示。她已经成长为一位教师领袖，在学校和地区发挥着自己的影响力。

这位教师转型过程中，会给学生持续提供选择机会，这是通用学习设计理念的最好体现：人人享有学习机会。这并不只是使用通用学习设计理念和工具使学生享有特殊教育，或者惠及那些高风险孩子。比如，关于《罗密欧与朱丽叶》的学习任务从一个纸笔写作活动变成了无声电影、通过谷歌群聊（Google Hangout）进行全球朗读，以及其他涉及僵尸或舞蹈的各种活动。她的学生们将自己所了解和所经历的，通过生成识字能力途径，得以建构起属于自己的多样化兴趣和共同体验，并建立起学习社区，而不只是单打独斗。

开放学习空间：有意识地给予学生关注与支持

我们了解到教师从转型到开展更加以学生为本的教学实践，使用各类教学工具，需要经历几个阶段。如果支持者能够就位，与教师共同思考、提出问题、提供资源、使教师与其他同样关注教学改革以应对学生需求的同行建立联系，教师通常会将自己和学习者带入下一个阶段。当教师与同行共处同一个小型职业学习社区，例如在我们地区，会配备指导教练和数字化学习整合人员，这样的支持是同步提供的。如果有的教师所在的学校社区没有这样的资源，他们还可以通过社交媒体上建立的联系来获得支持，例如推特。社会凝集力学习社区创建者具有不同的学习体验，却有共同的主题：教师信任学生，认为学生意见很重要，他们会齐心协力，帮助学生建立起学习自主性。在这样的支持型社区学习的孩子可以通过各种资源（如善于启发的同伴、成人导师、虚拟网络和教师）和专长来学习知识，培养技能。

改变通常不会自然发生，而是要给予有意识的关注和支持。我们欣赏林恩自愿承担风险推行改变，将电脑房改为1∶1的个人设备，但在第一次参观时我们意识到，支持这种转变的计划似乎还未就位。我们在离开学校之前，与校长坐下来谈了谈，有关学校内部缺乏对于推行1∶1的电脑试用计划和现实之间的差距的理解。无论我们对这项调查做了多少研究，始终没有找到合适的人和架构，可以真正提供最个性化的帮助，以促进林恩教室中教学实践的改革。

我们为伊拉安排时间，通过虚拟或面对面的方式来对学校老师进行跟进。他开始与我们观摩过的教室和其他员工进行通信和联系。今年晚些时候，我们再去参观时，对教室中发生的转变、教师教学法的改变和学生们在做的学习功课，感到非常惊奇。这一切之所以发生，是因为教师对于学习持开放态度，也是因为我们为她提供支持（与伊拉、其他教师交流，甚至借助推特等资源），帮助她换种方式思考学习空间和课程设计。那年春末，帕姆在一次州级会议上发表演讲，并最终以一场黑白默片结尾，这是林恩所在班级的中学生使用教室中的新设备进行编剧、拍摄、改编和发行的。在场观众不敢相信这是由一群孩子制作完成的，并且已经上传到YouTube上与全世界分享了。与林恩一起学习的经历对所有人来说，都是个转折点。我们认识到，打破藩篱，可以创造出真实的学习环境，并且这种深层变革一次只发生在一个人身上。

林恩的学生所做的项目已经不一样了，变得更为复杂了，他们所做的，也将林恩带入一个完全不同的世界，开放的学习空间已经远超过单纯地分享自己的工作内容，或者学校社区中学生所做的。而是与当地社区其他学校、在教育会议上，或者全球范围内，更为真实地分享学习体验。根系状开放学习空间，同时去除各种障碍，使得学生可以在不同班级和学校间发挥创意，因为他们学着使用各种可用的媒体格式来彼此交流分享自己读的书、个人经历和学到的知识。林恩在持续分享和重塑自己的工作时，也影响到了自己学校和所在地区的其他教师。

我们所在地区的教师现在都以通用教学设计理念为指导，将识字能力从基于课文的纸笔考试，转变为学生渴望学习和使用的各种沟通交流方式。这样的例子随处可见：一位中学语言课老师的学生在写作工作坊之前，使用3D打印机制作工艺品；一位高中老师鼓励学生将散文改变成饶舌歌词；一位小学教师的学生在《我的世界》（*Minecraft*）中创作詹姆斯敦的故事。我们明白，要想让这样的工作完全如根系一般扩散开来，我们还有大量的工作去做。但是现在我们已经看到这样的转变，在本地的不同班级，每周都在发生。

学会掌控教育改革

领导者应该抓住当下时机，让进步主义教育改革能够持续下去。太多时候，教师习惯于只去关注传统的成功衡量方式，对于逻辑和数据的定量多样化则需要学校领导或同事提醒他们："哇，约翰尼告诉我他明天迫不及待要来上学呢！你能想象，一年前他会这么说吗？"教师通常自己不会意识到启发式学习是多么了不起，除非有人指出这点。所以，我们的工作很大程度上是要持续不断地与这些老师共事，不论条件如何，在这些条件下寻找机会，帮助老师突破规范式文化，发挥想象力，并且去承担风险，做出改变。对此，我们并没有具体的秘诀。领导者需要去寻找和了解何时孩子们作为学习者会深受鼓舞，兴奋异常，然后立刻将他们观察到的反馈给教师和学生。

教育工作者必须不断思考和反思他们从事教师工作的哲学基础。有时作为管理人员会对教师自治和有机改变，对学校社区、对自己作为帮助者都坚信不疑，你可能会观察到一些异常行为会给学生们带来负面影响，甚至是伤害到他们。这时，有使命感的领导者就需要从工具包里拿出道德权威这一工具，确保学校社区所做的决定和成人的行为都是为了孩子利益着想。

打破藩篱，开放学习空间的想法并非乌托邦式空想。在塑造教师所在的学校结构过程中，信念和价值观很重要。如果教师相信学习的空间构造要立足于体验式设计，那么，成人就会从根本上将这一理念实践出来。帕姆仔细思考了这点，并愿意去这样做。她对此做了很多的讨论，我们也都如此，因为你需要让自己愿意参与进来，愿意承担风险，使孩子和成人通过经验去学习，而不是通过黑板、白板或者幻灯片上的内容去学习。

这就是体验式学习固有的风险。因为你不知道这样的学习会将学习者社区或学生带往何方，但是，当学生们通过对自己重要的各个项目探索自身兴趣时，他们的学习热情会空前高涨。当看到原本面临辍学的少年顺利毕业，或者学生将自己看作是设计者、发明者，甚至是企业家时，我们深知这样的转型是值得的。因为创造的过程变成了学习过程。正如赵勇所说：

> 项目制学习或产品导向学习的创业模式使得产品创造和营销成为学习体验的中心。重在创造出重要的作品——对学生重要，对潜在消费者重要，不一定要遵行指定标准或课程。作品不需要是终端产品，像一幅画、一本书，或一个视频，也可以是某种服务或项目，例如，学生可以提供在线或面对面的家教服务，或者帮助提高学生数学和写作能力的服务。

学生们发现自己从创业思维角度去创造时，通常是因为他们所在班级的老师也在做同样的事。这种创业思维不单单会产生创建公司或者营销产品，更是扎根在教育者身上。他们看到了学习的潜能远超过去人们的期待。这无关学生读过多少本书，而是他们是否可以写作和出版书籍。这并不是为了应付考试背诵历史事件，而是学生们可以从哪个历史阶段构建虚拟现实的历史故事，并与他人分享。这无关学生是否学习古代建筑，而是这个学生是否能够和团队一起设计、建造和售卖一处小房子。创业思维使得成人和学生学会评估和承担可预计的学习风险，并收获更大的奖赏。这样的奖赏使得承担风险是值得的，然后他们会去制造过去不存在的事物，或者解决班级、学校和社区面临的某个问题，最终应对世界面临的宏观挑战。

我们通过奥尔科特、弗莱尔、伊里奇、赵勇和索科尔的理论工具构建了学习情境。D. W. 梅尼格的著作《注视的眼睛》对于学习场景提供了多种视角，乔纳森·克拉里提出的文化视角也是如此。我们作为管理者通力协作，对各种问题提供不同的视角：对于自己所做的学习尝试为什么如此确信，以及在教学法、工具使用、学习空间和学习社区上需要做出的转变，这对于在今日学校中实施进步主义学习理念至关重要。

例如，通过查德的努力，我们开展了一次领导力项目，打破了克伯莱设计的工业化教育模式下的"效率至上"的假设，创建了真正的学习空间，学校所有的学生都可以进行设计、制作和开展项目。我们也学会通过历史学派和工具分析完成研究，并用不同方法使用数据。并从伊拉的扎根理论研究方法，摒弃掉传统假设和控制组，转而采用深度测图观测技术，并持续改进教学实践。帕姆借助自己在生态学领域的背景，将自然世界中的法则引进到了学校这一教育生态系统，她的这些经历和环境体验也让我们了解了理解与合作的重要性。

为了应对这项宏观挑战，我们每天都与同事一起探索如何创建一个体系，能够保有学习带来的快乐、赋能、自主、热情，又能确保孩子受到良好教育，能够使用数学语言进行思考和工作，能够具备必要知识和各种技能，了解他们所生活的世界。此外，还要具有健康的生活方式，做好家庭成员和社区成员，能够习得职场必备技能。

这个挑战，值得我们去解决，对不对？

个人成长与实践

源 起

通用学习设计初衷旨在为残疾学生提供相应的教学策略和辅助工具，使他们能够有机会学习和接触到周围的世界。但我们对这个概念进行了重塑。我们认为，可以借助多样化工具（个性化工具包）来装备所有学习者，让他们在现在和未来能够成长为更具可塑性、能力更强的学习者。这样的想法挑战了一些教师的思维：如果某个初中生不能进行可视化阅读，而选择去听一部小说的音频，这是否算阅读呢？如果某个高中生需要使用发音计算器来解决几何难题，这是否可行呢？如果某个小学生站着，才能够集中精力听故事，这是否可以呢？如果一群学生不想在班里展示自己的项目成果，而是愿意创建一个网站，与全世界分享自己的成果，这是否可行呢？

通用学习设计对作为教师的你到底意味着什么？作为成人学习者，在生活中，你会选择用怎样的方式来使用通用学习设计策略和工具？

现在可以打开你的Isearch日记，（在云端，或者用纸笔）记录下自己的想法，提出好奇的问题，并记录下对所在班级、学校或地区有关通用设计理念的观察。如果你有机会在自己学习的环境中拓展选择机会和提高舒适度，你会做怎样的改变？座位？学习内容？工具？怎样可以获取更多有关通用学习设计的信息？使用谷歌，或者登录YouTube，开始建立一个有关教育公平和机遇的资源库。

结构化探究

通用学习设计的思维，并不是始于工具、教学策略或者教学行为，而是始于知晓、理解和同情。通用学习设计会始于你想为学习者创建的用户体验。伊拉对此写了一篇了不起的博客文章：

如果我们的用户界面设计是用心设计的，并且是设计来为学生提供支持的，那该会是多么有成效啊！

孩子们会看到什么？他们感觉如何？他们闻到了什么？听到了什么？当他们在学校里走动时，体验到的是什么？

有一点很明确，就是孩子们所见所闻、所思所感的每一件小事都在传递出学校的一些信息。而学校传递出的很多信息看上去似乎是不经意地那般糟糕。

读完伊拉的文章后，观察下你所在学校中，年轻人进出学校时的所见所闻所听所感。你关注到了什么？与学生在校园中散步，请他们聊聊自己注意到了什么。他们能够去哪里，不能去哪里？与教师交流他们想要提供给学生的学习者体验是怎样的，是基于什么理念。哪些规则创造出良好的用户体验，又有哪些规则剥夺了学生享有成功和积极文化的公民权利？你是如何得知的？接下来你会怎么做？

停下来反思

查德不止一次在公开场合或者私下里就所有学生享有教育公平和机

遇的重要性，以及教师能够做到的最佳工作发表自己的看法。这种理念扎根于通用学习设计，查德工作的每一天都致力于创造体现进步主义教育体验式本质的学习环境。他了解，20世纪的工厂化学校模式最擅长选拔学生进入某一行列，这其中的人由于家庭经济阶层，得以接触到某些在学校进一步被强化的知识。他时常指出，如果不能为所有学生提供教育公平和机会的话，我们就会倒退到20世纪"学生排排坐，铃声上下课"的学校模式。在一次卓越教育联盟的有关深度学习的访谈中，查德是这么说的。

联盟：地区如何确保创客教育是提供给所有学生的，无论他们的社会经济阶层或者种族背景？

拉特利夫：美国教育界有个传统，人们会将最有趣和最具智力挑战性的学习内容留给某些孩子，却不会提供给所有人。而我们的创客空间和创客文化则为所有孩子提供帮助，使他们有机会学习，并接触到丰富的学习体验。我们不希望项目导向学习、创客学习是"尖子生"或者"资优生"的特权，而其他学生却只能接触到难度更低或更为遵从导向的教育。我们了解到，参与创客项目的学生越多样化，他们会越多参与，也会越发意识到自己的声音很重要，他们因此越成长为自主学习者，进而影响所在班级、学校和社区。我们致力于为学生提供正确的教育环境，这意味着，在提供全方位的积极学习体验时，我们会全力以赴。创客学习能够实现这点。

你所在班级、学校或地区需要怎样做出结构上的调整，才能确保所有学生都能有机会接触到"丰富的体验"？你可能会在教学实践上做出怎样的改变，才能从遵从导向式教学转型为提供给所有学生的积极学习体验？预计这种做法会产生怎样的影响？要朝这个方向努力，你首先会做些什么？

采取行动

保罗·弗莱雷（Paulo Freire）所著《被压迫者的教育学》（*Pedagogy of the Oppressed*）一书中描写了巴西贫困地区的成人如何学习阅读、写作，他根本没有预料到自己的作品居然会成为全世界不计其数的教育学专业学生的读物。他将灌输式教育看作教育隐喻，以此来描述学习者为被束缚的客体，教师为压迫者，通过强化训练学生，使他们更加被动。因此，他提出完全相反的理念："提问式"教育模式，认为学习可以是完全不同的模式。

灌输式教育认为人是可以适应现状、可以控制的存在，这不足为奇。学生对灌输的知识存储得越多，就越不能培养其作为世界改造者对世界进行干预而产生的批判意识。

灌输教育麻痹、抑制创造力，而提问式教育却不断地揭示现实。前者试图维持意识的淹没状态；后者则尽力让意识脱颖而出，并对现实进行批判性的干预。

我们的初衷并不是要将自己职业学习中接触到的所有具有影响力的观点写入自身经历中，但的确发现弗莱雷的观点与伊凡·伊里奇（Ivan

Illich)《去学校化社会》(*Deschooling Society*),以及德勒兹的根系隐喻均有异曲同工之处。我们鼓励读者,通过本书的内容来进行自我教育,花一些时间,不单单是阅读我们这里提供的部分引言,也能更深层次地吸取历史学家、哲学家和教育家对进步主义教育提出的各种不同观点:

一旦我们了解到学校的必要性,所有的活动就会由客户关系转为更加专业化机构……学校教导我们,按时上课才会带来有价值的学习,输入内容越多,学习价值越大,最终,这种价值可以通过分数和证书体现和衡量出来。

事实上,学习是一种最不需要他人操控的人类活动。大多数学习也并非是讲解的结果,而是在有意义的环境中自由参与的结果。大多数人通过"参与",达到最佳学习效果,然而学校却通过精心策划和周密操控,试图帮助他们实现个人和认知成长。

打破藩篱,构建开放空间的四种行动

1. 进一步思考,通用学习设计对你个人有怎样的影响。列出自己使用工具作为辅助手段来接触了解世界的所有方式。你配戴眼镜或者隐形眼镜吗?驾车时需要调整座椅位置吗?推着购物车走出商店时是否要借助斜坡呢?将你学到的这些应用到学校中,来改善学校所有空间中学习者的学习机会和公平体验。写下需要做出改变的地方。登录学校网站,找出符合联邦标准和法律的各种便利设施。挑战成人思维,让所有孩子都能有机会试用各种工具,并且能自主选择如何使用这些工具来构建自己的学习方式。勇敢面对可能会有的对通用学习设计的批评吧。

2. **重新调整教室布局，为学生准备一些站立式桌子**。添置一些柔软舒适的座椅或者活动座椅，鼓励不同的学生去尝试。征求他们的反馈意见。

3. **邀请学生共进午餐，聊一聊他们作为学习者发现的有帮助和有挑战的地方**。与他们交流作业方面的困难。询问他们在展示给你他们所学的以及他们是否乐意展示时，是否可以自主选择。

4. **写下对于选择、舒适度、机遇、平等、技术手段等的看法**。对自己要诚实。我们都对规则抱有偏见。如果你认为学生们需要读书，才叫阅读，请写下来。然后问自己："如果自己的理解有误呢？如果有的孩子能够听一本书，也能够展现出自己的理解，那该怎样呢？"

第八章

终身学习

CHAPTER 8

Timeless

伊拉：提到教育，我认为必不可少的一本书就是彼得·赫格（Peter Hoeg）的《边界线》（*Borderliners*）。是的，这是一部小说，但非虚构类作品并不总是比虚构类小说更真实。这本书的主旨是，正规教育完全是时间的产物。作者在这本书的序言里对此进行了解释："在比尔斯学校，学生一天得坐五到六个小时——还不包括学习时段——加上星期六，寄宿生一周中有五天，一年四十多个星期都待在学校，整整十年。为了能够提高成绩，他们还得不断努力，精益求精。我认为这违反了孩子们的天性。"

帕姆：你已经把时间称作是学校的第一科技了。

伊拉：对于教育工作者来说，这句话最重要，最为滥用，也最难去真正理解。

查德：雷蒙德·卡拉汉（Raymond Callahan）在其《效率崇拜》（*Cult of Efficiency*）一书中的观念是如此根深蒂固，以至于他们根本不能意识到学校应该花费更少的时间在知识上，而应该把更多的时间投入到使学校教育的功能更符合日常活动需要上。学校的日常安排是为了教会学生服从，这是他们将来在工业化美国的车间里所需要的。

伊拉：尤其是在美国，职业道德的观念是白人文化及这种文化力量的重要基础。这种观念就是时间至上，讲求效率，用最短的时间做到最好，而不是单纯完成一个目标而已。挑战这种社会的核心价值观是极为艰难的。

赋予孩子自主安排学习时间的权利

时间是学习的陷阱。这一教育体系对无论在家中还是在学校的孩子们释放了一个信号，即"如果你上课能够更快完成任务，下课就能玩耍"或者"在家里，只要你做完作业，就可以看电影了"。这一信号强加给孩子越来越多的学校期望，为了达到学校规定的学习标准，他们每天都无比忙碌。这样的做法，不仅牺牲了孩子们慢下来去探索世界的机会，而且奖励效率的机制霸占了孩子们更多的时间。孩子们忙于学校大量的课业，规规矩矩坐好听课，严格按照铃声上课下课，还有繁重的纸质家庭作业要做。教育工作者剥夺了他们的时间使用权，也窃取了孩子们自然学习的能力。

然而，人类的学习是永恒的，持续的。当孩子们从时间的限制里跳脱出来时，他们的学习状态才是最好的，才能沉浸在美妙的、自由的探索之中：他们可以跳进水坑里，观察溅洒后留下的污渍；在游戏里坚持通过难关；阅读、写作、绘画或建造。基于探索的学习是无止境的，大人孩子们都会沉浸其中，废寝忘食。

我们想要了解如何才能摆脱学校安排，摆脱满堂灌式的课堂，泛滥的课程标准，以及铃声上下课的安排，重新体验真正的学习。学校可以改变孩子的学习内容、时间、方式和学习对象。如果教育工作者和家长们的目的是引导学生走向成功人生，而不是考试成绩，那么我们必须深入研究那些设计来限制学习的多变的结构。例如，当伊拉与教师共事时，经常在参加的无休止的IEP会议（为特殊的学生制订个性化教育计划的会议）上指出：

> 我会听到有人说"我可以对我感兴趣的事永远保持专注"。好吧，他当然可以，我可以，你也可以……这是我们的本能。但学校的传统观点认为这是不合规定的。他们指望学生会立刻对摆在他们面前的任何一个话题都感兴趣，12分钟学习音素，使用苹果计算减法……时间到，下面进入古马里王国的研究。这种想法是不合情理的，并招致普遍质疑。

当孩子构建自己的世界时，无论在成人的眼里这是多么的不值一提，他们都会发掘出促使他们追求好奇心和兴趣的个人潜能。这种学习能力就是我们最想要孩子拥有的内在驱动力，这对于他们的未来生活也大有裨益。而且这与现存教育体制下的外在奖励机制正好相反，这种奖励机制只会让学生顺从成人对于学习时间、内容、地点，及学习方式的安排。

时间之所以是"第一科技"，是因为你根本无处可逃。你可以跑到学校外面，但仍然会有学习日（学校时间）和非学习日（校外时间）。更甚的是，学校可以布置家庭作业来占用学生在家的时间，把不在学校里的时间分为了好或坏。正如查德提醒他自己的孩子"你只有在完成了枯燥的事情后才能做有趣的事情，每个孩子都知道这一点"。

学习当然是一件不受时间限制的事情。每个人都有自己专属的学习时间，而且不同的内容，学习方式会有所不同。但学校是一个严格时间作息的地方。赫格小说的主人公彼得只是扰乱了学校的铃声就给学校的大人们带来了一场大混乱。一天，彼得在某一时刻让钟表多走了10分钟，全体教师们还以钟表的时间进行工作，这扰乱了学校的正常运行。"这不仅仅是一个有趣的故事，还让我们清楚地明白了一件事。"伊拉说道，"如果你拿走钟表，然后开始上课和下课，中间有15分钟的休息时间，这个星期上艺术课的时候，你看学校的老师们还知道该干什么吗？"

当我们相信孩子并放弃对他们的控制时，学习就变得与时间无关。如果我们让他们天马行空、放心大胆地去探索时，出乎大多数人意料的是，他们会对看似杂乱无章的课程安排产生好奇心，这些课程设计的初衷是为了不让孩子完全参与，而只是被动地接受学习内容，听老师讲课，最后进行考试。一旦给予年轻人构建知识的机会，他们会利用各种技术来操控世界，不仅仅局限于铅笔、画笔、锯子和钻子等传统工具，还有移动设备等现代工具。如果教师支持他们这么做，孩子可以利用属于自己的学习空间和环境，学习到比安排的课程更多的内容。

我们可以创造空间，允许孩子尽可能多地自主选择如何拓展学习、调查。这样的做法是给孩子赋能，并培养他们的自主意识。多种可能的学习途径使得孩子习得多种不同能力。如果我们相信孩子，并相信自己可以帮助他们从错误中学习，他们会有很好的成长。那些原本已经辍学的孩子会成为领袖，那些不受重视的孩子也会更加勇敢地表达自己。我们选择相信孩子时，他们的心智都在成长。放开对孩子的掌控，抛弃我们的成见，使孩子有机会自我成长。他们会抓住机会，找到个性化的最佳学习方案。成人可以发现孩子做出的有关学习时间、舒适度和选择各方面个性化的地方。孩子如何选择自己的学习环境？他们倾向于坐着、站着，还是懒洋洋地躺在地板上？他们更喜欢有着充足自然光的开阔的桌子上、躲在桌子下安静的角落里，还是室外的树下？孩子有机会自己安排学习时间时，他们的做法会有什么不同？

时间是我们的参与工具

大多数人能够描述他们所参与的某事，这符合学习心流（learning flow）的要求。大卫·舍诺夫（David Shernoff）和米哈里·希斯赞特米哈伊（Mihaly Csikszentmihalyi）将学习心流定义为：全神贯注于某项活动，不受干扰，对自身行为意识清醒，具有掌控感，但无自我意识，感觉时间加速流逝（即时间好像一下飞过）。舍诺夫和希斯赞特米哈伊研究了高中生的学习参与情况，发现他们在校内很少体验到学习心流。事实上，大多老师安排的任务似乎都会导致驱动力、注意力和好奇心的缺失，而这些都是学习者提升自我效能感的关键因素。

与那些为年轻人创造真正学习机会的教师共事时，我们观察到课堂出现学习心流时，学生参与进一步提高了他们的活跃度和专注度。了解到学习心流促进参与的这一概念，教师会使学习者聚精会神，以至于都感到时光飞逝。学习心流之所以与众不同，并不是因为要服从老师要求，完成任务，而是在于激发了学习者内在渴望，要继续努力、不掉队、反复尝试，获得更大成就。

当学习与时间无关时，就变得真正人性化了，属于学习者自己了。

接下来，教育工作者为孩子们成长成才奠定了基础，帮助他们做好准备，进入无人能够预测的未来。中学阶段是最为重要的学习阶段了。

"边缘学生"会因为学校重视他们的价值和潜力，并满足他们的需求，而更受益。

学校对于时间的看法也决定了学生是否可以利用空余时间自主学习。

伊拉描述了几乎所有课程中（除了一门课）学习心流的缺乏对他这样一个被剥夺权利的学习者意味着什么：

> 学校对我来说无聊至极，所以一有机会，我就会打断老师，直到这种方法也不奏效了。然后我就被赶出去了。在我去工艺课之前，每天都是那样。几年前，我和班里的一个同学说学习弧焊真是不得了，他提到班里其他同学学习的是使用乙炔炬，我对此毫不知情。他又说道："老师是不会让你拿着火炬到处走的。"这句话刺痛了我。我对焊接太着迷了，根本没有觉察到老师对我的管控，我都没注意到自己被区别对待了，这意味着我甚至没有必要对此进行反抗。

多年以后，他依然能清晰描述出自己在中学制作钢玻璃桌的每个动作。

伊拉的工艺课老师让他们制作自己感兴趣的东西。在课上他们不用顾虑语言或者数学。他们可以中午饭时回来继续做，或者待在那儿做到很晚。由于课程和进度安排都很有弹性，所以时间也变得很灵活，学生们不断获得成功。伊拉时常会想，如果其他班级的学习目标也是真实的学习，他的学校体验会是什么样的呢？面对有读写困难症的自己，中学老师会因为他对故事、写作、地图、建筑和设计的热爱而接纳他吗？他待在校长办公室或者暂时休学的时间会更少吗？

正规教育激发不了孩子天然的好奇心，也无法使他们通过提问、互动将自己的想法付诸行动。当今中学教育面临一大困境：老师们向学生强制性灌输大量内容，为了确保学生顺利通过考试。在如此受限的时间里，学校如何才能拓展更多的机会呢？尤其是在从孩子过渡到青少年的中学这一时期，时间应该怎么利用呢？我们使用时间的方式不是偶然发生改变的，正如托马斯·阿姆斯特朗（Thomas Armstrong）在《最好的学校：人类发展研究应如何改革教育实践》（*The Best Schools：How Human Development Research should Inform Educational Practice*）一书中写道：

> 中学，或类似地方，需要给青少年时期的学生们提供一个环境，帮助他们安然度过青春期在其心智、社会生活及情感生活上所带来的影响。教育工作者需要了解青少年的发展需求，尤其是在神经、社交、情感和元认知方面的发展。然而，碎片化课程、大型非人性化的学校或者缺乏活力的课程安排等，这些不恰当的教育实践忽略了或是颠覆了这些发展需求。最恰当的做法应该是重视青少年发展的独特性，给他们提供安全的学校环境，使学生自主学习，自主制定决策，并给他们树立良好的成人榜样。

归根结底，青春期的目标到底是什么？从发展的角度来看，青春期是与成人区别开来，与同龄人建立关系，更多人生体验并了解自己的时期。而这与学校课程或学校日常毫无关系。事实上，教育工作者在学校如何利用时间才是症结所在。如果你问孩子们最喜欢学校什么，他们会告诉你，"可以见到朋友""午餐时间"，或是"课间休息"。所以，当给他们机会，可以自由掌控时间，并与朋友一起玩耍时，学习会变成一种与大多数学校现状截然不同的事情，这也是情理之中了。

学生在学校里创造性地使用各种科技，设计、提出并一起从事各种有挑战性的项目。在这过程中，他们会考虑他人需求，并共同解决社区问题。社会课程和学术课程开始融合，时间也在悄悄流逝。学生会把任务带回家，或者联系同伴在校外继续他们的项目。他们也会早出晚归，或利用空余时间继续工作。这就是为什么我们支持创客教育，问题导向学习，项目导向学习，使用交互性、连接性的工具主动学习而不是被动学习。如果以提高学习者能力为目标，使他们成年后不但可以立足，而且能够成才，那么，这样的工作就必须要有意识地去开展，而不是偶然发生。

不同年龄段的人在生理、社交情感和认知方面的发展，以及大脑的发育状况各不相同，因此，需要用不同的方式来思考学习。教育者已认识到这一点，然而学校机制的发展势头使他们继续开办公立学校，与过去一个世纪所做的没有什么两样。要改变这一点，就需要把学校机制拆解开来，重新塑造。否则，推动学校运作的结构和日常安排将会仍然深深扎根于教师的信念里，也就不会有真正的改变了。我们需要在构建每日学习时更少受制于时间限制，去探索学校新的可能性，这些关键问题如下：

教育工作者如何打破教育体制？

教育工作者如何改变自己的态度，将孩子放在第一位，而不是依赖自己多年来接受的专业培训？

教育者如何才能在与年轻人共事时，更加信赖直觉，更善解人意和更真实呢？

专业知识的重新塑造

要回答这些问题，需要先挑战当下的教育信条及准则。只有在产生严重不和谐的情况下，大多数教育者才开始认真地质疑各种矛盾点：孤立的课程设置与跨学科的学习内容，按年龄分年级与混龄学习，学生个体的重要性与教师集体效能。质疑基于年龄的年级而不是多元化的设置，质疑个人而非集体教师的效能。要改变关于学校架构和日常安排的观念，学校也需要提供给教师相应的终身学习策略：重新激发他们的好奇心，鼓励自主学习和允许时间延迟，允许他们沉浸在校外体验式学习中，创造职业发展机会，重塑学习时间。当利用这些策略来进行专业的学习，而不是基于45分钟课程或者2小时研讨会时，教育工作者会开始反思真正的学习经历，也会开始支持班级或学校里有类似经历的人。

每年九月，查德和伊拉都会组建新的教师团队去纽约市参加世界创客博览会。他们一起搭乘从弗吉尼亚州去往布鲁克林的地铁。除了参加博览会外，他们还会参观一些非正式的学习空间，从爱尔兰饥荒纪念碑到世界贸易中心，从高线公园到布鲁克林大桥，进行了为期四天不间断的旅行。

查德说："我喜欢派教师去'非教育环境'中进行体验。"

我们初次派人去纽约的创客博览会时，我说："这有什么用呢？"当人们回来时说："哇，这是我经历过的最好的职业发展。"我对此感到很震惊。我们并没有特意做什么，为教师提供职业发展。这并不是教育会议、研讨会或课程，而是简单的不受时间限制或控制的非正式学习，这就是我现在所说的沉浸式体验学习。我们只是一个有着共同兴趣的混合群体，有些人有着类似的经历，有些没有，然后一起乘坐去纽约的火车。

查德和伊拉带领着这群人，在世界创客博览会上，观察着教师们一起度过非正式时间时会发生什么，谈论些什么，有些与工作有关，有些则无关。这一行人到达纽约科学馆时，他们想了解先参观什么，于是就问问查德和伊拉的建议。他们得到的不是具体建议，而是"理清思绪，考虑下你们想怎么体验这次经历，对于你们的意义又是如何"。老师们就按这样做了。

旅途中，教师们在用餐时建立联系，在纽约的街道上徘徊。他们沉浸在学习中，尽管这看起来与传统的职业发展完全不同。在回弗吉尼亚州的火车上，他们的联系越来越紧密，谈话也越来越激烈，思维碰撞，然后奇迹就发生了。当教师们回到学校时——砰！——改变不可逆转地发生了。这一做法真的是屡试不爽。令人欣喜的是，没有强制的阅读任务，也没有规定日期的单元计划。取而代之的是一个真正的教师社区，他们拓展思路，并将想法贯彻到学校里。一次又一次，教师旅途归来，开始以更开放的方式与学生们相处和互动，不再有以往那种结构上和时间上的界限。

这种沉浸式体验引发了知识的转化，这是专业学习的重要目标。在公共部门工作，教育者的工作经常受到审查。我们知道资金必须用到刀刃上。为此，没有什么比建立职业发展更加重要，这种发展会促使教师们将新知识用于实践。乔伊斯和肖沃斯对于知识转化的研究与几十年前一样重要。他们发现，在20世纪80年代早期，仅仅参加课程、研讨会和会议——只是传统的职业发展——最终并没有改变课堂实践。

我们发现类似于创客博览会之旅的沉浸式体验确实意义非凡，可以使教师们摆脱传统的课堂式的职业发展。而且重新激活了教师的好奇心，引发了校内少有的讨论，教育工作者们齐心协力追求效能，而不再是单打独斗了。旅途中，他们通过对话开始了集体转化的过程。回归后，当他们尝试将种种想法付诸实践时，对话继续以面对面的方式，或在社交媒体上进行。这样的旅行清晰地展现了不受时间限制，创建开放、灵活的学习体验的重要性，使得教师能够探索、分享、反思和参与。

在反思这种沉浸式学习为什么会带来转变时，查德发现有的教师会将这次旅行看作是理念体验，而另一些人的看法则比较务实：

他们会在笔记本上写满笔记，因为彼此已经都很熟悉了，所以会畅谈无阻，讨论自己正在做的事以及有关教育改革的想法。一些老师自主地思考和观察着他们可以在课堂上做出哪些改变。他们在创客博览会上看见某种科技，就想着："我可以怎样把这些用在我的课堂上，更好地帮助学生已经在做的事情？"这些老师经常是以增加他们现有教学经验为目的来参展的，但在旅行当中的某些时刻，他们也会想进一步采取一些改变的行动。其他老师则专挑一些吸引孩子的展览观看。他们会去到每个这样的展览，并和那里的孩子们交谈，也会和负责摊位的人交流，然后做些笔记。通过观察，他们发现在实现课程目标的前提下，依然能够让学习者去做想要的事情，创造就发生了。

一次创客博览会旅行的两年后，伊拉和查德拜访了一位曾参加过此次旅行的中学老师。当他们观摩这名老师与学生的相处后发现，沉浸式体验所带来的持久影响受到了本地的热烈欢迎。在机电一体化实验室里，老师向学生们发出了一项挑战。仅对学生提了几点要求后，老师说道："今天我们来玩游戏吧。"他没有提供更多的指导，只提供了工具，即简单的课堂用具、木工工具、3D打印机和一台激光切割机。孩子们开始做了起来，其结果就是婴儿潮一代所说的"瞬间魔术"的柯达时刻。我们之后讨论了其他教师的优点，看看学生们是如何从老师给出的简单指令入手的。学生们有着各自独特的方式，但又都表现出很强的参与度，这体现了学习心流。他们的做法也各不相同。一些学生通过机械途径进行项目制作，另一些用激光切割器切割碎片或者使用其他项目留下的奇形怪状的木头或纸板碎片。学生们想尽办法使游戏变得更具挑战性和趣味性。教师并没有谈及这场游戏的分数、目标，或是结束时间。相反，教师会提问，引导学生与同伴探究，教导他们如何使用工具，并促进创造心流。

沉浸式体验对教师的作用体现在两方面：（1）打破思维定式，推陈出新；（2）在教师社区创造学习心流。由于在沉浸式专业学习上所做的努力，我们寻找多种方式为教师创造学习体验，加强他们的关注度，并为学生创造终身学习机会。

重新思考如何重塑专业学习时间，已经成为我们所在地区团队工作的重点。我们将微沉浸式学习模型拓展到了学校社区外的其他学校、博物馆和公共图书馆，进行了多日的点对点实地考察。我们将仅仅服务于学习者的暑期项目转化为职业学习平台。主任教师可以和想要在学年教学中进行教学改革的教师组成搭档，进行多种尝试：开展创客教育、项目导向学习、计算机思维、跨学科单元学习、混龄学习等。搭档教师还可以在低风险的夏季学习环境中与学习者交流，开发教学法，使用科技工具，成长为孩子观察者。这种沉浸式专业学习可以使参与的教师改革理念转变为教育实践，当他们回到常规教学时，对于学习空间亟须做出的改变，和新学年教学法的重新设计是至关重要的。

随着时间的推移，我们发现要想了解职业学习要做出哪些改变，才能满足当代学习者的需求，首先要了解学习者和与其共事的教师面临怎样的挑战。观察教师和学生在特定的环境中一起工作、玩耍和学习所产生的学习心流，教会了我们，要想改变学习时间，教育法则也得改变。

学习空间和学习时间的灵活性

查德和伊拉支持创新的非正式学习环境，如音乐工作室，这些环境催生了学区网络的其他创新。创造空间已成为空间生态系统的一部分，在这里人们正在从事所有与孩子有关的工作，并促使他们灵活运用时间。正如查德所说：

关于创造空间关键的一点是它们真的不能成为"空间"，至少不是学校理解的空间。我的意思是，的确，有一个或多个存放不同种类的专业工具的地方，从焊接到音乐制作，这样的空间对于孩子来说是创意的起点。当你突然想要把诗谱成一首歌，或者需要把电力研究变为一台真实的机器，又或者当你对中世纪进行研究需要真正了解盔甲时，这里就是你要去的地方。当你需要用微积分知识来设计一个更好的飞机机翼，或用代数知识使你的三脚凳正确站立时，你会跑向"教室"。如果要真正配合孩子的学习模式，这样的学习实验室必须不设任何时间表。虽然我们尚未完全实现这一点，但我们的目标从未改变。

解构时间的工作不仅局限于中小学。换种方式运用时间的最佳案例体现在高中校园中。通过团队方式进行跨学科教学，找出人文学科和科学学科（STEM）间的联系，而不是相互间的差别。在这种模式下，教师将课程加以融合，摆脱课程规定时间的限制，不受上下课铃声的影响，进行半天时间的团队教学。最重要的是，由于教室的墙壁在团队导向的学习空间中已经真的被拆除，因此，合作和共享空间中的高中教师们把这视为每天观察彼此的专业学习机会。他们注意到，班上的青少年在上课时间，甚至午餐或放学前后都忙于项目工作。学生们谈论创客空间、音乐制作室、媒体工作室、团队实验室及图书馆的体验式学习使得他们自发愿意留在学校。他们可以独自或者团队协作去设计、发明、讨论、创造、联系和分享他们的学习。这样的参与给了他们很大的成就感。

事实上，盖洛普调查所做的全国学生报道，与此处所描述的截然不同。曾经参与共同建成一所小房子的某个高中生团队成员德文这样说："去年，只要有机会，我就会让父母早点把我从学校接回来。我讨厌来学校。今年，因为这个项目，我每天都得来。上学时和放学后我的团队都需要我，所以我得待在这儿。这项工作对我来说很重要。"当地媒体对该项目的报道，使德文的工作成效得到了认可，她最终在当地一家公司做项目管理暑期实习生。当像德文这样的年轻人有机会自由探索自己感兴趣的和有激情的事情，而不被任意的时间表和课程所束缚时，他们会成为活跃的学习者，会建立起人际关系和自信，成为敬业的学习者。这些都不是偶然的，也不是"一刀切"的计划促成的，而是当教师愿意为年轻人提供机会，共同创建对他们很重要的学习任务时，才会发生。

如果人们彼此孤立，那么根本性的变革很难发生，也不容易维持。改变这一现状，并无捷径和现成的项目可言。优秀的教育工作者都隐藏在美国各地的学校里。他们是了不起的创造性工作的设计师和发明者，他们具备了我们今天改革学校制度和模式所需要的各种能力。要使年轻人成为终身学习者，教师首先要自己体会到专注学习的乐趣。如此，专业化学习就会成为最佳体验，就如同心理学家米哈里·希斯赞特米哈伊在《心流：最优体验心理学》（*Flow：The Psychology of Optimal Experience*）一书中所描述的，"当时间变慢时，注意力就会提高，其结果就是完全参与其中所产生的愉悦感和创造力"。

最大限度实现心流的设计，体现在了将学校设施进行革新的工作上。让教师走下满堂灌的讲台，这一曾经代表美国建立的学校的特点的地方，至关重要。一处新建的混龄学习空间，为120名从幼儿园到五年级的学习者和六名教师提供了学习机会，我们发现了心流的存在。孩子一起工作时，时间会以不同的方式流动，年龄较大的孩子会成为年龄较小的孩子们的志同道合的伙伴，没有铃声要求他们停下正在做的事情，转而去完成每段时间内指定的学习任务（数学、阅读、科学、历史等这一重复循环的安排）。相反，教师致力于让孩子参与跨学科内容的学习体验，并在必要时延长他们的时间。他们使用多种工具，有用于连接、构建和创建《我的世界》的尖端技术设备，也有一个完整的厨房，在那里他们可以为所有社区成员提供饮食。

我们在这个弹性空间里拜访了工作中的社区成员，六个教室充满了忙碌的孩子们发出的低低的嗡嗡声。我们很难发现老师在哪，他们可能是在个别孩子旁边跪坐着，或是在房间里转悠，又或者和某个小团体在一起。他们希望孩子能互相帮助。最近一次参观时，一个男生和一个女生正在想办法怎样更好地操控学习空间里某处的无人机。他们课间休息时，观看用无人机捕捉到的朋友踢足球的视频，这很有趣。如果学生想继续进行这样的项目，就需要得到老师的支持。整个社区都很重视在规定的国家标准之外拓展学习的自由，以及随之而来的责任。在这个多年龄的空间里，很难判断"教学"时间何时开始，何时结束。更令人激动的是，多年龄的工作和空间的重新设计影响到了整个学校。更多的墙壁被拆除，创造出更多的合作机会，固定的学习时间的性质也在发生转变。

对体验过终身学习的教师和年轻人的观察证实，有意义的学习意味着成年人越少控制，学习者越多体现出自主能力。我们也看到了分享专业经验，将教师从传统意义上的教学场所中转移出来时所造成的不和谐。这种不和谐使得人们将教学场所重新定义为学习空间。在学习空间中，对年轻人进行教育的目的，不再是为了学校，而是为了他们的现在和未来。

我们在考虑校内外的时间如何才能变得更为灵活的例子时，会回到很早以前就讨论过的同一个问题：在当下学校中，如何为成人和年轻人提供终身学习体验？我们已经得出这样的结论，这确实是意愿问题。我们的价值观和信念体现在我们如何构建时间运用。教师可以创造学习空间，引导学习者追求兴趣，这样学校日的结束就不会变成一日学习的终结，也不会成为无休止的循规蹈矩的工作的下一个起点。我们在自己社区的学校，甚至在全国的一些学校里都看到这种情况发生。然而，改变的意愿意味着要承担被质疑的风险，需要经过探究、反思后，才能采取行动。

已故的进步主义教育家泰德·森泽（Ted Sizer）的观点为我们提供了将时间运用方式进行"彻底革新"的框架，这带来了自然学习过程的改变，展现了本世纪时间表和标准导向的学校管理的大背景下，学校尚存的某些未知领域。

泰德·森泽是一位教师，也是《霍勒斯的退却》（*Horace's Compromise*）一书的作者，曾于1964—1972年担任哈佛大学教育研究院院长。他指出了20世纪70年代到80年代，高中学校经营上的重大转变。虽然不像是克莱顿·克里斯滕森（Clayton Christensen）所定义的真正的颠覆性创新，但他关于改变学校教育文化的想法引发了对教育目的的思考，并最终导致一些私立高中，甚至是公立高中学校在时间分配、课程安排和人员配置方面做出了改变。他所提出的原则如今仍然挑战着我们所接受的高中的每一条规范：根据考试成绩进行选拔、打分机制、独立课程教学以及根据上课时间分配成绩单学分等，这些规范都是沿袭20世纪初期"十人委员会"的做法，他们致力于创建学校，让少数人能够上大学，跻身中产阶级行列，让大多数人在未来能够成为工厂蓝领或从事服务业。

也许这种工厂化模式在1910年是奏效的，尽管我们对此表示怀疑。我们相信，像森泽（他启发了我们的思想）所认为的，21世纪年轻人所需要的良好的受教育机会与过去那种"学生排排坐，铃响上下课"学校模式截然不同。我们还认为，最重要的学习能力是跨越时间的，实际上在每个年代都是最好的学习。以下是森泽在1984年接受采访时的观点，所有媒体、人们需要的不仅仅是"修修补补式改革"：

这一学校架构摧毁了对所有孩子进行的真正的教育。一个孩子每天需要应付七位老师，上完物理课，还得上体育课，上完体育课还有英语和社会学的课程，每节课不少于60分钟，每个班有20来人一起上课。你需要做的是大幅度削减每个学生与每位老师相处的时间。一个较实用的办法是将课程分为四大领域：探究与表达、数学与科学、文学与艺术、哲学与历史。每个学生不再需要七位教师，而是四位。如果说我的书里哪句是格言的话，那就是"少就是多"。放慢脚步，确保孩子们真正掌握了知识。这意味着每天分为两个时间段。一些学校已经试验了这些"课程单元"，效果良好。也就是说，更重要的是少数教师会遵从学生的思维发展规律。教师说话需要留有余地，"那个孩子在这个主题上需要花费两年的时间，这个孩子需要六个月"。解决的办法不是把人们锤炼成一个模具，再加以修修补补，而是要适应孩子们的独特优势。但如今的学校体系并没有针对孩子个体进行调整。

——凯勒

　　培养终身学习能力和熟练使用这些能力是需要时间的。当年轻人有时间单独或结伴参与到社会学习社区时，他们会进行思考、表达同情、进行设计、获取信息、加以建造、沟通、协作、解决问题、创造和更新换代。在这样的体验过程中，他们得到认知方面和情感方面的成长。一代又一代的人们使用这些卓越的能力，发挥创造性和思想性，推动了人类文明的发展。即使能力有限，也有助于人们在家庭、社区中拥有更高质量的生活，成为民主社会的合格公民。

　　这就是为什么我们努力去除卡拉汉所定义的"效率崇拜"的教育方式，这种方式导致了学习从第二次工业革命的熔炉中抽离出来。我们的工作会以一种渐进的方式取代效率理念，孩子不会被时间绑架。虽然还有很多工作要做，但我们知道必须抛弃那些过时的教育方法，往好里说是对孩子进行分类，往坏里说是在淘汰他们。这就是我们正在走的道路，让学习成为终身习惯。我们通过自我提问来做到这一点，这些问题激发我们去思考人们如何学习，最重要的学习内容是什么，我们在学校所做的事情为什么对年轻人很重要。

　　学习者何时有机会学习不同的沟通技巧，并向观众展示随着时间的推移，他们可以做些什么？

　　他们如何成为全球通信网络的活跃用户？

学校里的每一个学习机会如何成为个人习得生活知识和能力的真实体验，而不仅仅只是课堂或课程？

我们如何创建学习者真正想要和需要的当代课程、考试和学习机会？

1910年世界的真理在今天不再适用了。这就是为什么我们和其他人提出的问题对于界定学习必须如何演变，以应对现在和未来的世界是有价值的。

时代变了，但学习可以是永恒的。

个人成长与实践

源　起

森泽阐述了进步主义教育的理念，将这些基本原则付诸实践并将这些理念纳入了精英学校联盟（Coalition of Essential Schools）：

1. 学会很好地使用自己的思想

2. 少即是多，学习深度大于广度

3. 适用于所有学生的目标

4. 个性化

5. 学生即工人，教师即教练

6. 掌握的示范

7. 得体和信任的语气

8. 对整个学校的责任感

9. 用于教与学的资源

10. 民主和公平

当我们谈到今天的学校应有的样子时，森泽的观点是否仍然相关，仍然有价值？他的工作中少了什么？怎样才能激发同事们去思考你所在学校或班级中阻碍我们提出的终身学习的结构、价值观和行为呢？

思考这些问题，并打开你的Isearch日记，（在云端，或者用纸笔）记录下你对森泽的基本原则、时间和学习的观点的想法。研究以不同的方式运用时间，创造体现森泽的基本教育原则的学习环境的当代学校。

结构化探究

在与教育工作者的任何对话中，谈到什么限制了教师和学习者创造空间，使他们能最大限度地体验学习、连接性、自主性，他们通常首先会提到时间的限制。伊拉谈到学习时引用了这句话，在他的中学存在为数不多的这样的空间——工艺课。在那里，孩子和教师有大量的时间去探索和拓展学习，不用受制于标准化考试和各种规定。

我记得那个家伙在七年级的时候花了一整年造了一条划艇。我是说，他建造了这艘宏伟的木船，每天都在船上工作。这是他唯一在做的事情。他没有做任何其他项目，这一整年就只是在造这条船。

在这个关于学习的小的心理"片段"中，体现出哪些价值观？一个男孩花一年时间造船的形象，会引发你怎样的思考？

为了给学习者创造不受时间限制的学习机会，你所在班级、学校或地区需要做出哪些改变呢？这种改变在哪里发生？如果尚未做出改变，为什么不去做呢？如何引导使这些改变更符合森泽的基本原则的讨论？要想达成一致意见，去尝试改变时间表、课程、考核方式，你需要克服哪些障碍？有哪些有关学校应有的样子的偏见需要去挑战，去改变的呢？

停下来反思

我们在参加考试时所做的，不管是写文章、做选择题，还是完成某个项目，这一指定部分的学习内容都不是衡量任何人学习的真正标准。最真实的学习标准体现在人们在不知道该做什么的时候所做的，在有机会时，或者在没有人关注的情况下，他们做出的选择。

教师如何使年轻人获得这种学习机会？放弃脱离情境的学习的概念，哪些信念是必不可少的？

如何才能给年轻人足够多的机会，让他们向我们展示的不仅是他们正在学习的内容，或者同样重要的（如果不是更重要的），而是他们学习的方式？

走在校园中，你或多或少想看到什么？什么样的工作能使学习者和教师得到最大限度的内在激励？我们如何才能让孩子的学习不受时间限制呢？

采取行动

学校大多数是在调整校内时间。这类情况通常是分时段上课、延长学习时间、全年制学校等。即使在拒绝传统时间表的学校中，我们也很少看到把时间看作是变量的根本性转变。最近的改变是由于教育者试图拿出更多的时间进行补课，以便学习者获得额外帮助，通过州级考试或通用核心考试。这让我们思考终身教育到底是怎样的，我们换种方式运用时间的目的应该是什么？教育者如何才能打破时间的壁垒，从体制外角度去思考什么对于终身学习是重要的？哪些作业是合适的，哪些不是？

四条有益于教育者和年轻学习者终身学习的建议

1. **真正地走出学校**。找到学校外可以使教师转变思维的地方。可以是银行、酒店、葡萄园、本地的科技公司。大多数地方都愿意给教育者提供会议场所的。

2. **反思**：如果要放松对时间的管控，哪些现在不可能的事情会变得可能？可以做出哪些改变？如何统筹安排课程、班级、资源和人员，以便教师和学生对时间有更多的掌控权？写下你的想法，或者努力说服学校老师、主任、校长、校董事会做点什么不同的事情吧。你会说些什么？理由有哪些？

3. **采访学生**。他们如何用不同的方式运用时间？看他们对于如何运用时间的想法是否做记录？学习时间里，有多少时间被认为是虚度光阴，为什么？征得他们允许后进行拍摄吧。把他们组成一个讨论小组，与教师共同探讨时间运用问题。让他们参与校董事会议，讨论学习者如何能在校内外更好地使用时间。

4. **与父母交流**。他们如何看待在学校或是在家的学习时间？从家长的角度来看，他们怎么看待学习时间？他们的价值驱动力是什么？分别写下家长、学习者和教育者的想法，并和你自己的想法作对比。总结你所学到的，并且思考如何参与团队合作、寻找资源、为学校时间运用的改变绘制蓝本，不是为了补习，而是为了驱动学生自主学习。

第九章

设计思维：将设计融入教育

CHAPTER 9

Where Design Begins

设计与思维是创造性解决问题的方法，它使人们不仅仅能用显性知识，而且能用隐性知识解决具体问题……边做边学……通过创造事物来解决问题。

——比尔·莫格里奇《设计与思考》

我们自己的设计旅程始于2002年。那时，地区学校要求教师提出创新性的跨学科单元主题，而且这些主题还必须包括新的学习技术，这对他们是个很大的挑战。那时的教学督导接受了这个挑战并乐在其中，他在一次教育会议上播放了自己制作的一个视频电影。当他回到区教育局后，便指示中心办公室让每个孩子都能够体验自己制作电影的乐趣。从那时起，学习项目设计的理念便产生了：让学习者通过技术参与跨学科项目，创造自己的切入点，在思考和实践中学习。

帕姆：设计从想法开始……当我们要找出各种大问题、小问题的答案时，想法便产生了。每个人都可以对设计进行思考。每个人都能够成为设计者。如果一个人看着某个事物，然后想"我能够改进它，带来更好的用户体验"，那么，这个人就是一个设计思考者。在我们区，我们发现很多年轻人和工作人员提供给我们如同专业设计人员一样的最好的设计——创建多种路径，既能更好地满足我们自己的需求，也能更好地满足他人的需求。

查德：有人跟我说："哦，你是怎么做的？或者，你是如何圆满完成的？你为什么不经过允许就做呢？"我可以从内心对别人讲："嗯，它符合我们完成任务的标准。"我们创建的这一进步主义学习模型，其设计理念在于将我们想要孩子达成的目标，转变为我们如何看待学习理念可以通过多种方式进行转变。这个理念就在策略规划的语言里。

伊拉：作为设计者和创客，如果你想帮助人们更具创造性，那么，应当考虑如下情况。不要有多余的规则。我们的信念之一，或者存在于教师间有争议的问题之一是，学校或者教室不属于某个校长或者某位老师。技术不属于学校。我们相信，所有的资源都属于学校的学生，我们需要资源，就使用资源。幸运的是，我们的学校文化对此是完全支持的。

孩子的课堂创新

左思右想，前思后想。哦，只要你努力想，脑袋就会越来越灵光。

——苏斯博士

当今时代，孩子身上所展现出来的想象力和好奇心天马行空，令人惊叹。当给年轻人机会进行探索和发现时，与公立或者私立部门的成人相比，他们人均会产生更多解决问题的新方法，找到新途径，创造更多的新想法和新产品。边想边做的设计理念适用于各地的年轻人。但是，他们进入的学校环境是以遵从为导向的学习方式，而不是以可持续发展他们四个方面的能力（合作能力、批判性思维能力、创造性思维能力和沟通能力）为中心。

研究过程中，我们探索了如何将设计应用于工作，来研究和开发以概念为中心的课程、以业绩为驱动的评估和现代教学方法。我们发现，设计是年轻人完成如下工作的基本要素：解决问题、构建和完成高收益的项目、参与"为学习而创造，为创造而学习"项目、确定宏观问题的解决方案（帮助改善当地社区和全球社区居民的生活）、创建学校社区创客空间、教室3D打印机编程、设计和建造水下运载工具等。当给年轻人机会，让他们系统地通过探索、构思、体验、演变的过程进行设计和创造，他们就会成为主动的学习者，在学习过程中，就会发表意见、建立自主性和发挥影响力。

年轻人是编码设计者、空间设计者和服务学习设计者。他们像艺术家一样设计、编舞和构建。他们既能使用高科技工具，又能使用低科技工具设计和制造产品。但在我们踏上这次改革之旅之前，没有人相信这点。他们自己设计，或者合作设计。一个高中生设计了一款App，提醒有听觉问题的同伴注意噪声，这里考虑的是安全因素。另一个高中生为学校设计了一款类似的App。一位小学教师获准请全校学生参与设计研讨会，讨论如何改善学校氛围。孩子们建议在食堂摆放圆桌，课间休息不同年龄的孩子多些互动，在走廊摆放艺术品，建一面乐高墙。他们整整一天都在体育馆里讨论，产生了很多想法，把这些想法记在本上，录成视频。当学生完成构思后，教职员们便开始将他们的想法变成现实。正像一个学生对来校参观的老师所说的，"学校的一切都是我们设计的"。

教师和学生一起，对学校进行了重新设计。渐渐地，学生食堂变成了咖啡馆式的座位，食堂外面增加了户外桌子，鼓励学生在自然环境中就餐。图书馆座位也丰富多样，成为具有选择性和舒适度的创客空间。学校走廊成为学生才艺的展示空间，孩子们可以在这里搭建乐高积木墙，探讨项目合作，展示自己的作品，类似博物馆的风格。如今，不同年龄段的孩子共同完成一个项目，这已经是很平常的事了。例如，在法国一个沉浸式学习项目中，幼儿园的孩子和高中生共同规划一个法国市场，在这里，新鲜水果、面包点心等各种东西应有尽有。孩子们设计了这个市场，并自己制作了各种物品，包括招牌、待售产品等。尽管这种类型的活动在我们学校习以为常，能让孩子体验最佳参与式学习。我们发现，设计思维需要具备让学生最大限度地参与学习过程的能力。要完成课程设置的设计工作，教师需要花时间进行规划、加工、反思，并通过设计进行重复。这不是偶然发生的，而是需要每次都这么做，要致力于改变旧有的只是将通过考试作为指导原则的学校架构，建立新的架构，提供更多机会使学生可以与同学一起进行项目设计，支持开展不同类型的活动以发展学生能力。

教师的教学设计

问题不是你何时按快门，而是为什么按快门。

——吉尔伯特摄影师玛丽·艾伦·马克

从本质上讲，教师必须是伟大的设计者和创客。问题是，即使他们有机会去思考如何改善年轻人的学习体验，也没有时间去践行创造性的想法。几个世纪以来，教师都是在类似工厂流水线的教学环境中工作，在固定上课铃声和固定工作时间的环境中工作。学校就像一个装鸡蛋的箱子，教师在这个箱子里按部就班地做着自己的工作。但教师是带着高效能和对学校的"终端用户"（学生）的极大热情进入这个教师这个行业的。这使得他们在工作中成为设计思考者。我们认为这是重中之重，并欣喜地看到以设计为中心的学习扩散到了各个教室、学校，甚至推动创客工作到一个新的认知高度，并使得我们与全国的创客教育社区成员互联。

当给教师机会学习运用设计思维时，他们会与同事和学生相互协作，教师会与他人分享自己的高度创造性、好奇心和想象力。他们会去探索，生成新想法，做出设计原型，进行试验，并最终改善教学及学习的过程和产出。无论是图书管理员带来一台缝纫机，教学生如何缝纫；还是小学老师让学生就他们的需要采访家庭成员或者朋友，以此开展同理心驱动的创客项目，教师都是有目的地将设计思维融入到教学活动中，让学习者通过深度学习体验得以赋能。我们观察到，一群高中男生戴着自己设计和制作的领结，参加高中毕业晚会。我们也看到，一个孩子发明了手机支架，可以固定在他奶奶的手杖上，这样，她奶奶就可以一直使用手机了。

我们在地区推行设计教学过程中，"设计2004"多年来一直在融入新的东西——专业学习社区及网络、教学辅导、项目导向学习、21世纪学习技能、交互性及数字化学习、学习空间重塑——所有这些都是设计流程的产物。这一持续性的工作是为了实现既定目标：通过定期增加资源，来创建深度创新的S曲线拐点，最终实现终身学习。在最近的一次设计迭代中，"设计2015"教育团队创建了26个转化学习空间的原型，用于图书馆、教室、体育馆、食堂、走廊、艺术空间和户外空间。预期的结果？创建多种路径，使当代学习理念不单单只体现在学校的探索者和开拓者身上，更要拓展到需要更多时间使用新技术、新教学法和新评估法的教师那里，从而深化进步主义学习理念。

"设计2015"激发了新的思维方式，体现在方方面面：学习者的日常工作、使用的工具、学习的空间、课程的可接入性以及时间和空间的应用。各个项目的七种路径呈现出一些共性，这成为学校转换学习过程的必要条件。"转换学习的七个路径"成为进行职业发展、策略聚焦和目标设定的设计原则。设计思维为本地教师开创了新路径，我们考虑的不是学习改革，而是学习转换。在全面改革过程中，每个路径本身都很平常，但合在一起则大大增加了所有年轻人学习的可能性。如今，在我们学校，"设计2015"已经成为过去时，设计思维已经更新换代，并体现在课程设置的诸多方面。有一所学校甚至设定了一个目标，要将设计思维融入学生学校生活的各个领域，誓要成为美国东海岸的斯坦福大学设计学院的小学范本。

合作、互联的设计模式

每个人都喜欢创意，因为他们相信自己现在、过去，或者将来，可以有创造性。他们是对的。事实是，所有顶尖的科学家、企业家、工程师、士兵、首席执行官、体育教练、曲棍球员、"魔兽世界"游戏的玩家等，都富有创造性。"设计思维"的脚手架，各种行为的集合体，是创造力的精髓。这包括与人的协调，与所处文化的协调，还要具备各种经历、智慧、知识解决真正的问题，也许最重要的是创建并实施解决方案。

——布鲁斯·努斯鲍姆

我们讨论到一点，设计思维使我们的工作进行了正确且必要的改革。所有人都在致力于"大规模"创新，体现在教育领域就是五花八门的项目，这都是徒劳的。我们共有26所学校，每所学校的情况各有不同，学校社区的成人和孩子不断在改变，学校也随之在演变。我们没有采取大规模的变革，而是选择了另一种途径——使青年人、教师和社区学校可以利用自己独特的才能进行设计，利用社区成员的多样性创造不同的路径，进行转换学习。

学校社区成员面对面交流和虚拟交流时会产生共性。"终身学习能力"和"七个路径"成为我们的工作框架。不是来自自上而下的指示，而是来自教师自下而上的工作：他们在课堂和学校与学习者一道，开展日常教学实验，并将有意义的想法付诸实践。

如今，我们使用"走出去，走下去"的缩放法，而不是扩大法，作为工作发展策略。在哪方面进行创造，不同的学校选择各不相同。他们用不同的方式构建观点，一个更为有机化的而非封闭化的设计思维模型。如何让在困境中挣扎的孩子参与到学习中，这是各个学校都面临的相似问题。但教师需要探索和开拓出不同的路径，扭转这种局面。事实是，每所学校的处境各不相同。无论是人口状况、教学方法、学校规模和位置，还是家长的支持（这一切使得学校更加多元化）都是设计过程中需要考虑的关键因素。所有这些都会帮助教师发现需要解决的问题。关注度有了，专注力也就随之而来了。

对于作为设计者的孩子，时间是关键。因此，我们作为教师，在学习者需要构思和制作时，要留出时间，让他们可以探索和试验。因此，教师应该灵活使用学习空间，允许学习持续下去，既不排斥课堂的直接讲解，也接受"七个路径"之一的"选择度和舒适度"，允许学生相互讨论，发现个人兴趣，并主动参与。因此，当师生共同创建、设计、发明、构建、构造、策划和制作时，学生可以自主选择学习时间、课程安排和学习机会。

正如一位教育家所言，"我们每个人都只有一生的时间，如何使用这时间，将会决定我们人生的走向"。

正式语言也在各个层面推动了我们的工作，无论是个人目标设定，还是区级战略重点。"终身学习能力"是学习者形成性和终结性能力的核心，从高中毕业之后，终其一生，关注进步主义教育。"七个路径"的理念也并非一成不变，自我们开展第一次创客空间以来，就一直在发展中。但是，创客本身已成为重要的学习路径，尤其是涉及学习公平和机遇时。因此，在临近社区开展创客学习，营造创客文化，主要是因为员工可以与文化、与社区和与孩子的家庭环境互联，而不单单只在学校。

"终身学习能力"和"七个路径"成为教育文化的一部分，也成为我们工作的手段，我们用其作为框架来讨论社区设计，使积极学习和赋能学习成为发明、创新、战略和运营的一部分。我们开展了称为"YELP"模型的实践，"YELP"一词来自一个流行的网站，登录后，这个网站可以帮助人们到达他们想去的地方。

首先，在"YELP"模型中，我们作为领导者，开始时会邀请教师就创新方法提出建议或想法，并做出肯定的答复。哪怕有些想法不成熟，需要加以修改，才能符合预算、政策或者法律规定，我们还是会想法设法做出修改，并给予肯定的答复。

其次，我们认为，人们单打独斗时，创新的可能性很小，所以，我们广泛听取他人的想法，确认谁应当加入团队，共同开发和尝试新想法（譬如，在学校创建虚拟现实实验室，或者拆除高中的储物柜）。

我们为了能在学校中推行发明及创新，**团队参与**成为领导者的首要任务之一，因为团队成员的技能合作和集思广益，会大大提高成功的可能性，他们更愿意承担风险，直面失败，百折不挠，坚持不懈。

如何在资金有限的情况下**使用资源**是极大的挑战，我们已学会从不同的渠道获取资金，包括捐款、赞助，或者在预算中重新分配资金。这就意味着，有时候我们在创新方面需要退而求其次。例如，保管员问我们为什么还要花钱拆除储物柜，因为这么做要花费大笔的费用，而校长要求我们拆除储物柜，将这一区域改为可充电的长椅区。在资金有限的情况下，我们对资金使用做了重新调整，在走廊设计了一处最受学生欢迎的创新学习空间。

我们通过创新性工作对那些自认为对学习者有益的想法进行检验的同时，也意识到**原型设计**对我们坚持"将小事做好，失误就会少"这一理念至关重要。这样做能将我们投资的风险降到最低。所以，我们拆除高中的储物柜，将这个区域改为创新学习空间，学生在这里可以进行小组学习、戴着耳机自学，或者午休等。

我们观察学生，与他们交流，看看哪些地方做得好，哪些方面还需要改进，然后再将这个项目进行推广。结果是，我们在最初的项目设计上做出了修改，例如，调整了椅子的高度，增加了白板，并设置了更多的电源插座。

参与社区设计，使我们能够在工作中进行发明和创新。社区对工作的反馈，也使我们进一步明确了下一步的战略重点。

创造可以无处不在

几年之前，我的同事格洛丽亚告诉查德和伊拉，她想在一个巨大的拖车公园（实际上是一个街区）做一个暑期项目，如果她能够让这个项目启动起来，教堂愿意借给她一辆加宽的拖车。他们开车到拖车这里，里面空空如也。住在拖车公园附近社区的孩子们还有两个周才开始暑假，让他们有事可做是个不错的主意。当时，他们对于如何启动暑期项目束手无策。然而，当伊拉和查德在白板上写出自己的想法，花时间了解了这个社区的情况后，他们开始着手考虑如何利用资源，启动项目。学校放假一周后，尽管依然困难重重，但拖车上的创客空间已经准备就绪，项目正式开始了。

要开展一个项目时，并不是一切都能进展迅速，但当机会来临时，教育者行动要快，因为机会转瞬即逝。查德和伊拉意识到，尽管这些孩子相距这里不到一英里，但如果在学校里，暑期项目是不会开展起来的。

伊拉和查德从开始讨论这个项目，就觉得这是件正确的事情。他们说："我们在两周之内可以把这个地方变成暑期学习中心。"他们做到了。他们一步步设计得很流畅，效果也很好。

这一临时创客空间的魅力在于，做出来的与当初的设想完全吻合，这是利用资源进行创新性改革的最佳案例。查德和伊拉一直在寻找新的空间、新的机会，以进行创新性发展。他们不是坐在电脑前做项目筹划，而是四处寻找机会，就像这次创办暑期项目一样。"我们有什么？我们能从中做到什么？"本次暑期项目中，恰好当地有一位聪明能干的人，需要一次实习机会，才能完成正在学习的管理领导力项目。于是，他就成为准备好迎接下一个挑战的聪明人。他们又找到了一批进行创客学习的教育工作者，搞定了社区的一辆拖车，通过格洛丽亚进入社区，举办有史以来的第一次暑期项目。附近一英里外恰好有一所高中，可以使用学校的设施，而这正是项目所需要的。

他们去拜访离社区最近的一所高中的校长，解释说："我们需要很多桌子和椅子，还需要运电脑的手推车。"校长指着一些我们给他们学校购买的可以灵活组装的桌椅说："干嘛不把这些桌椅搬去？这些桌椅可以灵活组装，小孩子们一定喜欢。"然后他又说："我让工人给你们组装好，装上车，你们来运走就行了。"这就是积极的态度。

创客空间启动几天后，帕姆去参观时发现，小孩子们喜欢在手提电脑上观看世界杯比赛。他们围在这台手提电脑周围（拖车上有无线网），精力十足，活泼好动，争论着各自喜欢的球队。这是个西班牙裔拉丁美洲人的融合社区，有来自南美的，有来自中美洲的，也有来自墨西哥的，可以想象出他们对足球的不同看法。帕姆只是默默地观看。一台3D打印机正在运转，孩子们用开源电子原型平台（Arduinos）和热喷胶枪在建造硬纸板房子。所有人都沉浸其中，共同协作。没有一个人闲着。不久，她给伊拉发了条短信，说孩子们应该有一台大型显示屏。

伊拉正在思考如何利用资源，收到短信后，他问自己："我如何能最轻松地解决这个问题？"从帕姆的短信可以看出，孩子们在相互合作，使用技术，编写Scratch代码，观看世界杯。他知道，从网上购买显示器根本行不通，因为这需要花几周时间，在显示器到达之前，夏令营就结束了。必须得换个法子。于是，他开车到塔吉特购物中心，花300美元购买了一台最大的显示器，开车将显示器送到拖车公园，然后将发票给了夏令营的会计。然后将显示器交给创客中心的那位实习生。他将显示屏与电脑连接好，孩子们可以一边一起观看世界杯，一边一起编代码。这事仅仅在帕姆发出短信几分钟后就完成了。

从理念上来看，教育机构中的教师必须能对成人或孩子的创新性想法和需要快速做出反应。开设创客空间，提供给孩子所需要的设施，不需要经过层层审批，这就是关键。进步的理念驱动做出适应社区发展的决策。人与人之间的互动性是关键，如果人们相互隔离，他们就没有交流，不交流就没有协同行动，想法就永远不会实现。暑期创客空间这种事情原本是小概率事件，但如果事先设计，就成了必然事件。

当地一处职业技术教育中心也是这样做的。他们想把一辆校车改成流动的食品车，一辆超大型食品卡车。帕姆听到中心主任谈论有兴趣改造一辆食品卡车，供学习烹饪艺术的学生使用。他马上给运输公司经理发去一封电子邮件，经理立刻回邮件："我们可以提供一辆能够改装成厨房的汽车。"随后，一些生意伙伴过来捐物捐款，使学生们可以齐心协力，将汽车改装成流动食品车，这包括施工、自动化、信息技术、食品工艺等领域的工作。这就是我们的团队所做的：有了想法，然后进行设计。这种"行得通"的设计理念使工作的各个方面都产生了创新。对此，我们已经司空见惯了。

社区的创客空间项目并没有让我们知难而退，因为我们倡导的文化是知难而进，百折不挠。我们了解，这个项目可以改善教育公平和机会。没有这个项目，这些孩子可能没有钱去参加其他正规的夏令营活动，父母也没有钱让他们参加其他丰富多彩的暑期活动。它给我们提供了一个场所，探索快速做出回应的文化如何使我们更好地完成任务（在非学校环境下创建学习实验室）。

在创建这一创客空间时，我们就知道，遵照严格的时间表进行作息似乎不可行，对孩子不可行，对孩子家长也不可行。我们的这个创客中心几乎成了"无论何时，无论谁都可以来"。进入拖车空间就成了设计者和创造者。这里是一处社区空间，跟学校不一样。

后来，我们要创建另一处暑期学习实验室，名字叫"DoderDojo"，需要至少40-50台平板电脑。于是我们开始思考，哪些学校有这些设备呢？我们刚好处在尴尬的空当，因为我们正在更换设备，计算机技术人员正在给我们更换。其中一位技术人员说，他知道一所离这里有段距离的、规模大点的小学，他们使用的馈电模式与我们的Doderdojo项目完全不同，但有我们需要的平板电脑设备。于是，他给学校秘书打电话，问她："你们有一批平板电脑吗？我们想借来用于Doderdojo项目。"秘书说："有啊，我们至少有2个推车那么多。"伊拉派一个技术团队过去。他跟踪这些推车，并借来一辆卡车，把它们运到高中。我们用推特给那位小学校长发去一张照片，照片拍的是推车在卡车上，这样他就知道他的推车去了哪里。

所有行业中，学校在某种程度上是最官僚的地方。伊拉为纽约市公安局工作，这多少对工作有些帮助。在有些地方，管理者一般认为，公共资金的良好管理意味着人们要紧紧攥着资源，但除非资源在使用，否则就在贬值。学校或社区的各个层面的人们都必须非常清楚这点，才能使整个系统运行良好，给学习者提供平等的学习机会，才能消除过去那种阻碍进步主义学习的歧视性做法。

学习设计涉及时间、文化反应能力，涉及调整和关注，涉及认同。还涉及聆听的艺术，我们要聆听孩子的各种细微声音，这样才能设计出最令人愉悦的学习体验。设计学习机会，灵活的学习空间以及找到资源都是必要的，因为只有这样才能给孩子创造路径，使他们能够发挥好奇心、想象力，进行思考和提问、设计和创造、制作和构建。他们在如何让孩子重复去做过时的、千篇一律的项目上花费时间更少，转而花费更多时间去观察和聆听孩子的声音，发现孩子如何发出自己的声音、养成自主能力，发挥影响力，允许孩子存在差异，保护他们的兴趣和激情，允许他们提出问题。

在学校的常规教学中，这种改革很难发生。因为存在其他相冲突的矛盾，如学完相关课程、通过州级考试等，这些事情让教师心事重重。

因此，我们利用夏令营活动，试水设计思维和创客教育。这使得教师有机会参与活动辅导，与学生共同成长。教师有时间停下来思考、加工，思考如何将日常教学中学到的加以运用。要做到这点，必须为老师和学生设计一个不同的学习环境。设计者和创客经历让我们有能力进行这个实验。创客教育和创客组织都给我们提供帮助，提供资源，让我们的员工有机会结识美国其他的设计者和创客教育工作者。

无论哪所学校有需求，我们都会设计某种途径以满足他们的需求。开始，我们将中学旧的工艺课教室进行改造，扩建成机电一体化实验室或者创客空间，将新旧工具及技术融合到一起。后来，我们意识到，这个课程应该上移到高中。从哪所高中开始以及如何做成了摆在我们面前的挑战。我们在探索多种可能性。后来，我们发现一所高中原有一间工艺课教室，数年前，工艺课被取消，曾经可供学生使用的贵重设备，如带锯机和其他施工工具等现在都被搬走找不到了。查德将这里变成一个了不起的创客空间，但配置费用非常高。后来，他在另一所高中找到了多余的类似设备，就和查德申请将这些设备转移过来，用到新的创客空间。

从推特的通讯录中，我们找到了一位具有创客头脑和设计才能的教师，他以前在学校的工作坊工作过，非常富有创新精神。在这处新的实验室里，他需要一台雕刻机，以便给学生提供更多的设计机会。这一空间是在暑期开放的，为了让学生获得这样的学习体验，我们想方设法购买了一台雕刻机，让这位教师与学生一起做这个项目。如今，这里到处都是孩子们忙碌的身影，有男孩，也有女孩，他们有的来做正式的项目，有的来做非正式的项目。学生参加暑期高中机电一体化实验室的工作，可以算作高中学生的创新学分，这就鼓励年轻的创客来实验室，与创新团队成员一起工作，完成某个项目，我们称之为"设计、建造与发布"项目。

在这一项目中，学生们可以选择自己感兴趣的项目进行设计，范围不限，可以是教室用的可以转动的桌子，也可以是棒球拍用的独特的包覆式握把。他们跟企业家沟通，将自己的构想和初期工作展示给他们，以便得到企业家的反馈和下一步的指导。有些项目完全聚焦于学员个人感兴趣的领域。有些项目则是引导学员做对社会有益的事情。他们可以获得学校认可的数学学分或者选修课学分。这引发了我们的思考：如果我们更多关注项目学习，而不是内容学习，那么，高中会有怎样的变化。

当孩子们进行设计时，我们观察他们，与他们交流，收获很多。他们收集同伴的反馈，将自己的想法与其他想法融合，相互学习。当我们把从学生和教师在以设计为导向的工作坊里获得的数据放到原型实验室里时，更清楚地了解到，哪些想法可以在学校大规模展开；哪些想法可以成为某些学校的"最佳匹配项"；哪些想法仍处在设计阶段，还有哪些根本行不通。孩子是我们的老师，我们在向他们学习。

个人成长与实践

源　起

创客教父戴尔·多尔蒂（Dale Dougherty）在一次美国国际科技教育学会（ISTE）访谈中提到的观点，启发我们形成了对于设计和创造机遇的愿景以及如何去实施，而无需花费太多时间去计划那些会瞬间即逝的机会：

218

创客可以很好玩。你可以犯错，这也是要经历的过程。但你不会找到错误答案，你只是尝试过一些东西，事情没有按照你期待的方式进行罢了。成人如果诚实一点，就会明白，我们并不知道所有问题的答案。我们尝试过千万次，有些方式能有效果，而有些并不奏效。这个过程的焦点在于培养实验性思维。创客是实验者社区，他们不断尝试。有些方法并不奏效，但他们会继续下去。

你期望看到的，不需要经历传统策划模式，而是能够快速开展的项目是什么？你想要解决什么挑战？怎样实现？什么会成为障碍，拦阻你前进？又有什么会帮助你快速前进？你从经验中能学到什么？

现在可以打开你的Isearch日记，（在云端，或者用纸笔）记录下自己的想法，提出好奇的问题，并记录下自己对于戴尔以及我们的有关创客和学习的观点的收获。你也可以继续阅读《创客自由：创客运动如何改变我们的学校、工作和思维》（*Freedom to Make：How the Maker Movement Is Changing Our Schools，Our Jobs，and Our Minds*）。

结构化探究

有些人将约束的力量转变为创造性解决问题的张力。有些人面对开展项目的风险，选择止步不前，因为各种规章制度的限制太多，有些甚至是不成文的规定。伊拉评论道："如果你想帮助别人成为有创造力的设计者和创客，你需要考虑这个问题'不要制定太多不必要的规则'。"这一观点直击组织机构最擅长的核心领域——制定规则。

在你看来，哪些因素使得规则至关重要？学校社区如何尽可能少地使用妨碍改革的规则，对学习空间进行设计？

停下来反思

我们所在地区，早在2002年就开始冒险尝试，并提出了"设计2004"的方案。那时大家对《不让一个孩子掉队法案》多有担忧，而且，基于我们现在所了解的，有这样的想法也是合情合理的。然而，忧虑并没有使我们裹足不前。我们突破了20世纪的学校限制，转而尝试进步主义教育方法，这是我们所了解的有关孩子如何学习的最佳方式。

你如何催促自己去冒险，去战胜可能会失败的担忧？需要做些什么？

采取行动

人类历史充满各种发明的枢纽节点，无论是1848年、1908年、1945年还是1968年，以及铁路、电报、飞机、汽车和第二次世界大战时期原子能的释放、计算机微处理器的发明等等。

想象一下，如果穿越回到近代时期，世界结构和体系已经发生了根本性转变。处在历史转折点时期的教师会怎么做。学生来到学校时有怎样的需要，离开学校时又面临什么需要。

当代世界的需要和人类思维两者间有怎样的交叉点？学生周遭的世界在变化，本质上作为现状转化器的学校，现状和未来又有怎样的交叉点？当他们周遭的改变影响到家庭、工作、政治，最终影响到人类文明时，教师在思考什么？我们努力要沿袭的课程的重要性变得越来越小时，会怎样? 我们为什么会在这里?

快速变革在教育领域是行不通的。做计划时，人们就了解，等到计划完成时，没有人会记得当初为什么要有这样的计划。战略性工作表明组织对于深度变革的承诺及委身，这就要求工作焦点应放在研究、学习、计划和行动上。另一方面，发明创新是偶然才会有的，也需要有良好的策划才能实施，从而降低风险，提高成功的概率。规则导向的微观管理者在员工想要大步前进时通常会很挣扎。国内各地愿意承担风险的教师和校长告诉我，通常是高级管理层，尤其是教学督导，会对尝试新想法立刻进行否决。如查德所言，"我将这些能力和途径看作是改变的杠杆。因此，如果有人跟我说'哦，你是怎么做的? 或者，你是如何圆满完成的? 你为什么不经过允许就做呢'，我可以从内心对别人讲，'嗯，它符合我们完成任务的标准'"。

积攒变革力量的四种行动

1. **开始勇于承担风险**。每天自问 : 今天，我们做出怎样的改变，可以让学习者有更好的学习体验? 可以换种方式使用技术，与同事在教室内外创造更具活动性和连接性的体验。也可以是简单地邀请学生与你分享他们每天标准化学习之外的感到好奇的事情。接下来的日子，观察和倾听学生是否与他人一起做出了一些改变。可以是召开教职工会议，或者与年轻人花时间共处，使用这一经历作为教学实践，挑战自己的行为准则。

2. **做些什么**。任何事情都好。让自己更为敏感。可以用硬纸板制作作品。创作些什么与同事和同学分享——一些有用的东西，一些异想天开的东西，一些能够满足他人需要的东西。创造是通往学习的道路。如果你愿意冒险去创造，哪怕是有些糟糕的，再做下面的尝试就会容易很多。帮助他们成为思想的创造者、经验的设计者、美好时刻的缔造者，激发他们的创意和能力，鼓励他们的热情学习。

3. 研究设计策略。 可以谷歌搜一下在设计中遇到的问题。观看设计者、建筑师、艺术家、工程师、创客等的视频。参观摩天大楼、博物馆、咖啡店、社区创客中心、公园等。留意人们如何使用各种空间与人互动和独处。怎样的设计是人类学习的体现？人们如何与成人世界、与自然环境、与彼此互动？将你在社交媒体上或与同事朋友在饭桌上所学到的信息与人分享。

4. 如果你还没有学习过创业者思维，现在是时候了。 当然，这不是必须的，如果你从事的是教育行业的话，也不太可能成为营利型的企业家。然而，如果不能像创业者一样思考，教育改革就不会发生。很好的一种开始方式是萨拉斯·萨拉斯瓦西（Saras Sarasvathy）教授做的有关因果方式思考者和效果方式思考者之间差异的研究。她将其称为"普通人和探索者"间的区别。她这样写道：

> 专家型企业家通常不会从事点球业务或者游戏业务。他们实际在从事的是创造未来的事业，并需要与各种各样的人长期共事。未来属于那些经受得住失败，并最终创造成功，具有良好、持久的人际关系的人。

就从阅读萨拉斯瓦西的作品开始吧。然后看看你周边某个周末是否有创业活动，去参加吧。提出一项教育创业计划，并加以发展。征求同事的意见，使他们了解这项计划是针对学生的不同的尝试。在推特上或自己社区中寻找教育创新者，与他们交流，探求他们的能力、观点和支持。阅读一两个参与社会性公益项目的企业家的经历，思考你与他们有何相似之处，或者当你为自己的学习进行开发、设计和创造新路径时，与他们会有何相似之处。

现在，开始吧!

第十章

零基础设计：

学习项目设计的多样性

CHAPTER 10

Zero-Based Design:
Engineering
Biodiversity of Learning

可以大胆地假设，生物多样性在尚未威胁到人类时，已经在无限地减少了。

——E. O. 威尔逊生物多样性基金会

当我们观察自然世界时，很容易会发现，生物多样性不仅给生物体创造了生存的路径，而且使整个生态系统得以繁衍生息。不像密歇根州的玉米地，一行行的杂交植物看起来一模一样的，自然界更欣赏物种的多样性。这是千年来自然界长青的事实，而且物种的多样性有助于整个生态系统的平衡和繁荣。而在学校这一人类生态学环境中，我们却反其道而行之。

帕姆：几天前的一晚，我们在观看超级月亮。想想看孩子们问的每一个问题、他们建立的各种联系。只是通过孩子宝贵的好奇心，你可以跨界到任何知识领域、符合任何学习标准，却并不需要"学校"经验。

查德：当我的孩子们看这个世界时，他们会感到好奇。这样的好奇心又激励他们去学习。每天都是这样的，上学前、放学后、周末，或者暑期。例外的是，在学校，尤其是中学，并没有这样。

227

伊拉： 19世纪30年代，威廉·奥尔科特（William Alcot）创办的学校几乎什么也不教，但是学生讨论花园是必要的，收集令人惊叹的神奇之物是必要的，有顶棚的门廊也是必要的，这样，无论什么天气，孩子们都可以在户外学习……这一设想最初是希望孩子能够将自己的好奇心带入称为学校的地方。他为孩子运动和玩耍正名。人们认为我们所了解的学校是不可避免的自然产物，实际情况并非如此。属于孩子的地方被扭曲了，我们需要重新认识这点。

为什么要对学校进行零基础设计

"零基础设计"。如果我们从来没有见过学校，但是需要让4岁至18岁，或者22岁的学生能够学习，它会是什么样子？我们应当做些什么？应当问什么问题？孩子们应当在此有怎样的经历？成人呢？学生成长过程中，我们想让他们明白什么？

每个孩子是否都可以跳水坑玩耍？攀爬塔楼？观看潮汐池？读莎士比亚的《麦克白》？学着煮鸡蛋？学着换火花塞？读印第安人写的书？观看国会图书馆清单上的电影？将《纽约时报》和《卫报》进行对比？荡秋千？在舞台上跳舞？读苏斯博士的书捧腹大笑？

你想要你的孩子学什么？

1832年，威廉·奥尔科特写道："我们经常考虑自己方便，而不考虑孩子们是否舒适、是否幸福、住处是否适应。"在设计教育生态系统时，我们应当如何全面地了解学生？

先从不用平均值衡量孩子开始吧。帕姆、伊拉和查德三者无法取平均值。进入教室的前五个孩子，也不存在什么"平均数"。我们不该这么做。单一的学校文化是不健康的，也是不可持续的生态系统。

与众不同是学生的自由

我们参观爱尔兰和美国的学校时，会发现学校间存在广泛的多样性。这是众所周知的。住在幅员辽阔的爱荷华州的孩子和邻居常常相距几英里远，这与住在纽约市区或者郊区的同龄人，无论是在公立学校还是私立学校，也无论他们是富有还是贫穷，有着天壤之别。尽管伟大的思想能够超越多样性的生态系统，但是千里之外的两所学校的孩子在学习内容、学习方式以及考核方式上都是标准化的，这就好比隶属于同一家公司的两家工厂。

尽管不同工厂制造零部件的生产流程需要标准化，不同学校社区的孩子的需求和兴趣却是迥然各异的。孩子教育经历的标准化——课程、评估和授课方式——并没有考虑学生的差异，而是代表了学习的"杂交"，导致美国的每一个社区、每一所学校、每一个孩子都成了千篇一律的产物。这在过去，是《不让一个孩子掉队法案》，现在又称为"通用核心课程"。不久，美国各州为了响应联邦政府推出的2015年《每个学生都成功法案》，将会按照美国教育部的要求，启动下一代大规模标准化计划。所有这些标准化教育运动的初衷或许是好的，但对学校造成的影响却是灾难性的，如同20世纪70年代美国杂交玉米爆发的真菌病。

标准化学习限制了师生探索和拓展学习的兴趣和激情。教师要讲解规定的内容，学生要准备无休无止的标准化考试，这一蛮横的做法已经持续了将近二十年。学校不再组织活动日和其他丰富多彩的活动，这进一步扩大了中产阶级和穷人之间的差距。很多学校的学生循规蹈矩地学习经教师批准的程序化的内容，这些内容源自电影、课本，或者网络。尽管我们尽一切努力让学生成功，但却仍然无奈地发现学生仍然缺乏成功的素质，仍然加强各方面的素质，概括为P导向（激情、项目、问题）的学习能力。有些人鼓吹由公司接管美国教育会更好，但数据显示，特许学校管理公司和虚拟公司做得并不好，甚至比要被取缔的学校更为糟糕。

我们认为，大规模教育标准化运动对学校来说是错误的。学校与其他机构不同。孩子与其他人不同，社区与其他区域不同。多样性对生态系统是有益的，对学校也是有益的。爱荷华州和纽约市的需求不同，创造力也不同。在爱尔兰都柏林的学生需要的批判性思维解决问题能力和在凯瑞县的肯定不同。美国弗吉尼亚州乡村地区的合作学习机会与俄勒冈州郊区也不一样。佛蒙特州市区的沟通方式也会区别于费城市。我们想了解，在日益全球化的当今时代，年轻人工作和娱乐的社区的多样性如何帮助年轻人培养生活和工作所必需的认知能力和社会能力。如果我们想不出办法，教育就是失败的，因为没有达到规定的标准，这个标准有目的地为所有学校制定了"一刀切"式的课程体系、评估体系、教学体系，设计了相同的混合模式，这个模式已经受到了自然界遗传学家的反对。

学校需要丰富多彩的生物多样性。然而，学校建的围墙人为地将学生和教师与社会生态体系分开，将新的实践、方法、策略拒之门外，只愿因循守旧。当我们思考如何创建学习的多样性时，就需要转向新的思维方式：如何改变制度。不清除限制变革的潜在障碍，改变就不会发生。

我们发现，清除障碍的最好方法是通过"生态镜头法"，这个术语是赵勇和肯恩·弗兰克提出的。他们的论文中提出了解决问题的类别法，就像引进一个新物种到密歇根湖来解决物种问题一样，我们也可以引进新的新的实践、方法、策略到学校中来解决自身问题。

我们相信"土壤的概念"，玛格丽特·惠特利（Margaret Wheatley）和黛博拉·弗里兹（Deborah Frieze）在其著作《走出去，走下去》（*Walk Out Walk On*）中成功地将这个概念作为比喻使用——在两个不同的大陆，即使所种植的种子是一样的，但是由于土壤和气候不同，所生产出来的农作物也不同。学校也是这样。无论看到的是哪里的学校，哪怕学生学习和玩耍的情况类似，但两所学校均扎根于不同的土壤中。而且，孩子们在不同文化的环境下成长，带到学校的文化也不同。教育者也是如此。因此，每所学校都是独特的，这是由当地的文化所塑造，而不是联邦政府。尽管学校社区受益于不同观点和资源，但在让孩子们作为学生苗壮成长的过程中，允许他们保留自己本地人独特的身份是非常有意义的。

生态多样性和土壤的概念均支持这样一个理念：不同地方的学校应有不同选择的自由。这并不意味着，神经学研究不应当驱动教育者理解孩子如何学习，不应当驱动教育者对教学方法做出相应改变。这并不意味着，课程可以自由设置，而不去聚焦开发当地化课程。这并不意味着，标准一点都不重要，本学科和跨学科的重要内容还是要按照标准做。这意味着，广义标准应允许学习简单机器操作的孩子实际动手操作，这比仅仅为了考试而背诵要强得多。这意味着，如果某个孩子或班级对简单的机器着迷，他们就没有必要停下来去学习不同的阶段。如果学习成为以项目为导向，问题为导向，激情为导向，孩子的学习就会因为他们所在的"土壤"而学习，但又不被"土壤"所限制。如果学校的多样性是健康的，就提高了生态繁荣的可能性。

最小的限制性，最大的创新性

学校要实现改革，要在21世纪领先，就必须进行波茨曼和维恩加特纳在1971年所说的"颠覆性活动"。要实现变革，教育领导者必须颠覆教育系统外强加给教育的政策，必须颠覆传统的教育规定，因为这是一直在做的事。

要这么做，你必须采用社区组织策略：召集学校的领导，尤其是教师，甚至还包括学生，让他们思考，允许他们冒风险，允许他们碰运气。当老师说"我想试试看，我想这么做"时，他们更有可能尝试新的方法或资源，因为我们在学校组织内部已经打通了各个环节，相互融合，相互配搭，来实现改变。

我们总是在自问："如果提供更多的创客机会对整个学校都很有意义，我们如何将其转变为一个系统，而不是通过人为的限制和拘泥于课程来复制？我们如何坚持'不是自上而下'的方法？"这真的需要从领导者的角度持续地培育一种环境，不是标准化操作程序，也不是硬性规定学校员工必须做什么。有时候，模糊性使事情很难办，但有时候，模糊性也行得通。

要创新就必须有约束，但是约束只有在能够实现目标的前提下才能起作用。我们的目标根植于"七个路径"和"终身学习能力"。我们使用的领导实践与策略，如果用于教师和学生，也具有同样的意义。通过政策或程序对学校限制得越多，会发现创新性越少，敢于冒险的越少。教师对某个项目限制得越多，这个项目就越像是教师的项目。

如果将限制最小化，那么，创新性就达到了最大化。想象一下，学生使用LED（发光二极管）、铜箔胶带和电池进行制作。如果老师不对这三种材料做成什么东西进行限制，那么，孩子们就会制作出无数的东西来。如果我们不给孩子们工作表指南和工具指南，天知道孩子们会造出什么五花八门的东西来？老师可以使用这些材料给孩子们讲授基本的电学知识。但如果老师明确材料如何使用，或者材料如何使用才会发光，那么，这个项目就变成了老师的想法，也变成了老师定义的成功项目。如果项目以学生为中心，考虑学生的兴趣，那么，就会形成如下一种学校文化或者教学文化：鼓励学生追求问题为导向、项目为导向、激情为导向的学习。根据具体情况做项目的老师对项目限制是最小的。他们知道，如果老师对学生限制得越少，学生就会根据需要学习，同时在学习过程中体验到掌控感和使命感。

从教育管理者的视角，我们也设置了类似的限制，为了实现目标明确了正式的语言，这些目标实际反映出进步主义教育的很多理念是正确的。终身学习能力是对生活技能、生活经历、生活能力的考量。他们认为学习就是习得学习能力的过程。我们认为，知识单元内容学习并不重要，不能受此约束。遵从的规章并不重要，反而成为束缚。终身学习能力反映出进步主义教育的原则，应以合理方式加以运用。

选择符合你的学校、文化和学生情况的原则加以运用。找到符合学生水平、教师课堂和本区教育水平的教育情境。支持学校社区根据自己的"土壤"进行差异化发展，这样，人们使用的语言、人口的多样性、不同街区人们的兴趣特长都能够得以保留和发展。对于乡村贫困生和城市贫困生，要区别对待，课程要根据实际情况开设，学习机会因人而异。把学校办成社区的一部分，不要脱离社区。社会凝聚力和集体效能不单单会改变学校，而且可以改变整个社区。

单一的教育方法剥夺了学习者自身需要学习的情境和文化。学生会面临多方面的挑战。家境最优渥的学生也面临挑战，尽管他们拥有他人梦寐以求的各种物质保障，但仍然可能会有未满足的情感需求。家人给他们规划好了人生，使得他们受此束缚，难以创新。从全美国范围来看，上层社会和中产阶层人口中，青少年的自杀率较高。我们刚刚在一起共事时，伊拉告诉帕姆，他要解决的一大难题是"对富裕家庭的孩子抱有同情心"。我们在努力消除这些偏见，并且意识到，尽管社会资源可以帮助那些因为历史原因比较贫困的人们获得教育平等和公平，但要实现对每个孩子的公平教育机会，最好的办法是对每个孩子的需求做出回应。

最高目标不是使每个孩子达到平均值，而是为每个孩子找到最佳方案。创建认知安全和情感安全的学习空间，以满足孩子的需求。要做到这点，需要多种尝试。不是一蹴而就的。

满足学生的需求是学校最根本的任务

每个学校的情况都有其独特性，没有哪些经历是相同的。所有的经历加在一起形成了这样一个事实：每所学校社区都根据自己的实际情况，鼓励人们进行创新，在这过程中，人们将自己看作领先者。人们不必去照搬其他学校的做法，这个意义非常特别，这催生出了一种信念，即任何人的思想都可以影响和引导学校的学习方式。

例如，去年夏天，查德购置了一批缝纫机放在一所中学的机电一体化实验室，作为暑期创客实验室。他们去时学校快要放假了，帕姆去参观的那天，实验室里还有一些男男女女的学生。孩子们打开其中一台缝纫机的箱子。帕姆走进去时，有几个女生坐在缝纫机前面，脸上写满困惑，"我们用它能做什么"，她们压根不清楚缝纫机有什么用途。老师走过来说："我也不清楚怎么用缝纫机。"于是，每个人都只是干巴巴地坐在那里。

帕姆心想："这些女孩子接下来会干什么？"她决定等等看。她们做的第一件事情是看缝纫机说明书，但她们还是弄不清楚如何穿针引线。孩子们费力地研究说明书上的图表和一行行小字。然后，一个学生说："我想我们可以在YouTube上找到缝纫机的使用方法。"她们用手机上网，找到一个视频，视频上有人展示如何在缝纫机上穿针引线。她们在观看时，一个女孩子终于弄明白了，尽管她们还是不会调整线圈。她们看着帕姆，似乎是想请她提供一些帮助。帕姆笑着说："不要问我啊。我在你们这个年纪的时候，妈妈要教我缝纫，我拒绝了。"

一个孩子说："我相信，史密斯夫人知道该怎么做。"史密斯夫人是学校的秘书。孩子们找到了她（她接近退休年龄，在孩子们眼里，她更像是奶奶辈的，而不是妈妈辈的）。她来了，看到缝纫机后说："没问题，我可以帮助你们。"她帮助孩子们穿好针，然后给她们展示如何放针。

暑假快结束时，帕姆再次来到这个创客实验室，看到女孩子们正在制作衣服。暑假结束时，她们要拿这些衣服去创客展示厅展示。她们计划举办一场时装表演。她们的变化很让人惊喜，从最初的盯着缝纫机看，不知该从何下手，到进行服装设计、制图和裁剪。有趣的是，她们听说实验室里有位男生的妈妈曾经教他如何使用一台类似的缝纫机，于是她们找到了他，请他放下正在做的木工项目，教她们如何缝纫。看到这个多元化的小组分享观点、分享技巧、相互学习、共同完成项目，而不是孤立作战，这真的令人备受鼓舞。

这就是在社会学习型社区发生的事情。人们不是等着领导者告诉他们做什么。他们自己会开动脑筋，动手去做。

如果你需要某方面的专长，就会想办法解决，你会因此变得足智多谋。但只是学习一节课或一个单元，孩子是不会具备这样的能力的。教育者清楚，孩子在学校待的时间越长，对自己的好奇心和自主能力的信心就会越小。今天学校的性质，减少了年轻人做选择的机会、进行元认知思考的机会、自主学习的机会，这通常是由于考试打分造成的。如果减少了学生体验式学习和创造性学习的机会，包括游戏、艺术、职业技术教育、实践动手的机会，这些都是进步时代所看重的实践机会，那么，我们的学生很大程度上会变得依赖性强、以奖赏为导向、缺乏批判性思维和创造性思维。

在联邦政府出台《不让一个孩子掉队法案》前后，对于检测创造力评估数据的比较研究达到空前的热度。面对这些依赖性很强的学生，教师也无能为力。学生进入高中时，经常关注的是，作为"优秀的学生"怎样才能得到"A"，或者作为"普通生或差生"怎样才能避免不及格。他们了解到，如果问一些与课程无关的问题，或者寻求个人学习兴趣（这都是有好奇心的学生会做的事），经常会导致如下结果：最好的是断然拒绝，最差的是挨批评。但是，支持学生自主学习的老师可以改变惯例，创建一种不同的学习文化，让学生变得足智多谋。

让学生更加足智多谋的策略之一是，老师给学生高质量的反馈。正如我的同事马特·哈斯（Matt Haas）所说，反馈的方式若是无效的，会给学生带来严重负面的影响。他注意到："所有类型的反馈对学生发育中的大脑来说都是生命线，负面反馈或者适得其反的反馈对学生都是极为可怕的，就像人们参观鬼屋的感受一样。我认为，往好里说，无效的反馈降低了学生的学习效率；往坏里说，是让他们止步不前。"他写道，当学习者有机会进行元认知思考时，参与反馈会引导他们实现自己的目标，并建立自主学习能力。他们会变得灵活，独立，主动追求学习目标。

当今学校，孩子失去了好奇心，并非因为他们来到学校时缺乏好奇心，而是因为教育者采用标准化、程序化教学，或明或暗地打击了孩子的好奇心。要使年轻人足智多谋，随机应变，就必须重新找回他们的好奇心、创造力和自主学习的动机，也就意味着抛弃那些与这些要素相对立的规定，花时间指导他们学习，允许他们参与开发设计学习。教师也应该放慢教学速度，因材施教，让不同的学生根据自身情况采取不同路径学习。教师同时也发现，当他们采用特定策略设计提供选择性、独立性、舒适度的合作型学习社区时，课堂文化也发生了转变。这并非偶然，正是基于此，我们在小学采用反应性课堂教学法（Responsive Classroom approach），建立学生自主性。学生转入高中时，则更多转为个人学习的自主性，减少程式化约束。

人类面临重大挑战时，最需要的还是随机应变、足智多谋的能力。无论是生活在地球，还是往返月球，这都必不可少。足智多谋意味着能够创造、思考、找到自己需要的资源，能够与有专长的人互动并参与其中，分享技能。当你在创客环境中工作时，会意识到，你之前对某个人的认识可能并不准确。例如，某个大家公认文化程度不高的人，却能做一些你不会做的事情。这时你的看法会改变，你会认为他其实很有水平。

没有两所学校是相同的

零基础学习设计是一种随机应变的设计，一切从零开始，却使人们对于学校耳目一新：学生成为客户，学习设计者在学习过程中寻求他们所重视的东西，老师会留意他们，与他们交流，观察学习者所重视的学习空间和学习机会的交界点。实验室的设计不是为了给老师提供方便，而是为了给学习者提供方便。零基础设计清除了阻碍学习心流的架构和程序，使学习畅通无阻。使学习者在学习过程中感受到愉悦和幸福是我们的最终目标。为了满足学习者的需求，设计者会询问、同情和回应学习者，并给他们创造机会。他们创建了认可多样性和个性化学习途径的开放式的生态系统，不单单是技术运用个性化，更是课程、评价和教学法的个性化，学生的兴趣、问题和好奇心因此产生。在此学习环境中，学生的异质性被视为珍宝。而在弗雷德里克·泰勒的效率和有效性模型里，复制性和异质性被看作是结构性的设计要素，这引发了20世纪工厂和学校的标准化。

20世纪学校中遵从导向的教育模式使当时的工厂因此而受益，但孩子却因为"一刀切"的标准而受害，批量化生产的教育方法损害了学校生态环境中多样化和差异化的优势和价值。人们运用科学管理理论的模式创建了学校，这个模式不仅要求学校像工厂一样运营，而且要用所谓混合的科学原理，对标准化教育升级换代。

《纽约时报》专栏作家汤姆·弗里德曼认为，学校升级换代之所以失败了，是因为这只是建立在"世界是平的"这一假设上。设想一下，哥伦布发现新大陆已经过去520多年了，我们仍然喜欢"世界是平的"这句话，这真的让人哭笑不得。这一想法代表了人们不顾一切地追求同一性，是英国和美国至高无上思想特点的写照。这种观点绝对不会来自法国文化，甚至不会来自德国文化。因为在德国，差异化的观点已经深入人心，汉堡、柏林、慕尼黑各具特色。

这一概念性差异影响巨大。我们从单词"土壤"开始解读。"土壤"这个单词大家知道很久了，但是在《走出去，走下去》这本书中对其进行了重新解读。在法语里，"土壤"的意思是某事像"某个地方的一种感觉"，而且常常用于描述为什么相同的葡萄树结出的果子却不同，是因为种植的土壤不同，而"土壤"也不仅仅是"自然"现象。法国的葡萄种植者明白，产出的葡萄之所以不同，不仅仅是因为天气、斜坡或者土壤的差别，而且还与种植葡萄的方法有关，他们如何照料葡萄树，如何采摘葡萄等。因此，人们认为，在法国，同一个年份的不同地区产出的同一种葡萄酒，口感是有差别的。这和英国标准化酿酒，以及美国标准化教育完全不同。

很显然，如果我们选择看世界是平的，那么它就是平的。

几年前，伊拉参加一次比较教育大会，听到一家非常成功的技术教育公司的代表演讲，他们的计划是在不同的学校做同样的事情，无论是在美国加利福尼亚州圣何塞市，还是在印度农村。会后，他问其中一个演讲者，他是否真的认为，世界各地没有不同。"哦，当然会有差别。"这个人回答说，"但是，在这个项目上，我们想忽视这个差异"。

这就验证了这个道理：人们一边将"世界是平的"这个文化概念描述得非常完美，一边又使标准化"升级换代"成为可能。如果世人没有差别，那么，我们可以将美国俄克拉荷马市非常奏效的教育模型，完全复制到尼日利亚的拉各斯市。数学在中国北京怎么教，就可以在美国新泽西州纽瓦克市怎么教。

然而，每个孩子、每位教师、每个社区和每个生态系统都是与众不同的。但这些事实与最近300多年"西方"思想的科学和理性主义产生了矛盾。统计学的整个目的是创建"规范化"，可以举例说，人们看看北大西洋，再看看南大西洋，然后把它们都叫"海洋"。在教育领域中，我们收集了一系列美国教育部长的发言，他们看见两个六岁的孩子，都叫他们"一年级学生"。如果我们按照这种方式看待世界，那生活就太容易了。你几乎不用亲眼看就能确定某事。因此，现在一个私人教育机构工作的美国前教育部长阿恩·邓肯和《纽约时报》的大卫·布鲁克斯认为，他们知道是什么导致一所学校失败，最终总是回到一个问题：学生考试是否通过。如果没有通过，又怨谁呢？前校长马特·兰大德回应了这个观点：

> 大卫·布鲁克斯没有意识到的问题是，学校领导者逆流而上，不去"教学生如何考试"，这需要各方面巨大的支持，需要本人无畏的勇气，并且相信孩子能用正确的方法完成学业。目前教育界的大多数人，因为所在的学校没有面对这些问题，或者拒绝面对这些问题，所以并不会意识到解决这些有多棘手。

如果你相信那个理性的、扁平的世界，那么，一切事情都可以标准化展开。你自己来定义什么是"最佳做法"，什么是"成功的设计"，只需要一遍又一遍地重复就行。如果你不愿意这样做，就需要换种不同的路径，我们所能思考的要远比表面看到的更多。无论世界经济巨头们如何努力，无论是本杰明·迪斯雷利/威廉·格拉德斯通，还是摩根大通公司/苹果公司，世界总是一如既往地呈现出其多样性。所以，我们不应建立模型，标准化复制推广，而应当在社区播撒下不同的种子（想法），让这些种子（想法）深深地扎根于这些土壤中，然后以多种不同的方式生长。按照《走出去，走下去》作者的观点，这叫"横向扩展"。

"横向扩展"不会产生如同科学管理在教育界的应用一样千篇一律的结果，因为科学管理系统规定孩子应当学什么，什么时候学，在哪里学，教师如何"传授"这些知识，以及测试学生是否学了这些知识的各种考核。著名的"科学领导力研究院"专家克里斯·莱曼（Chris Lehmann）时常在演讲时说："我们派送披萨，但不应当派送使用说明。"在教育界，科学管理方法无法应对社区和孩子的独特性。教育者使用时间、资源和人力作为标准化工具，来创建和维系机械化模型，复制教学和学习过程，而不去考虑当今对学习神经系统科学的了解、多元化社区的社会学现状，以及文化演变过程。我们支持这样一种假设：在每个学生个人发展、多元化社区，以及学校文化内涵中，标准化教育并没有实质意义。因此，需要换种方法来取代当前的科学管理系统，而且这个方法不是现有方法的更新换代，而是从零开始的全新设计。

这种剧变开始时引发了一些不和谐，而我们的问题、价值观和对话向全世界打开了门窗。这样的变革表明，今天的学习已经超越了学校和社区的地域限制，教师和学生有机会接触世界各地的专长、专家和人群。为了完成这种深层次的变革，教育者必须获得各方的支持，以便能够尝试新的路径，让学习者参与对他们的学习有意义的活动中。教育者的声音必须聚焦于公平和公正，我们遇到的最大的挑战是确保所有孩子都有机会成长、发言、发挥影响力，这不是作为一种选择或特权，而是一种权利。目前的学校是我们早就熟悉的学校，作为学校员工，或者作为学生家长，我们都知道，不对学校各层面进行重大改革，这一切就不会发生。

规划一个从零开始的学习空间

想象一下，当代的学习空间，将20世纪建立的学校的各个传统都推翻掉，成为大家一切聚会的空间，年轻人在自然的环境中一起工作和玩耍，老师创造路径，指导他们长大成人。想象一下，自然环境和人工环境相结合，让学习者多重感知学习的愉悦，能够在自然光、新鲜空气和绿地的环境下愉快地学习。想象一下，给学生设计连贯的具有灵活性的空间，创造具备选择性和舒适度的学习氛围，学生可以通过跨学科学习追求自己的兴趣，激发自己的激情，聚焦合作、批判性思维、创造力和沟通能力的提高。

现在，可以设想一下，学生和教师在一个去掉学校有形和无形的隔阂之后的敞开空间中学习，释放的潜力会多大！在这个空间中，教师满堂灌的讲课方式、成排的桌椅、打印的教学资料、数字表格统统消失，取而代之的是人气爆棚的、积极主动的社区学习者，他们使用不同的工具，消耗得少，收获得多。驱动学习的不是学习内容，而是学习体验。

教育者和年轻的学习者充满想象力的作品需要在创新性的环境中完成，在这个环境中，限制必须最小化，与社区的互动必须最大化，学习的过程从有限时间转向无限时间。在这里，我们梦想，我们尝试，我们描述，我们交流。我们交流的是想法，而非计划。我们分享观察结果，而非未来蓝图。我们认可的评价方式是，无论对孩子还是对学校，我们不是根据检查清单或者分数进行评估，而是使用人性化的方式。这个日趋缺乏理性的社会，需要更多的人性化的努力。世界有很多高山和深谷，并不是平的。但这就是我们生存的真实的世界。在这里，我们希望你创建新的学习方法。它不会自我产生。

我们如何改善学校

如前所述，我们使用了一种模型，本以为很容易遵循，却挑战了教育界的诸多理念观点。人们将发明变成创新，这是创造性的过程。一位导师曾经对帕姆说，作为年轻的管理者，她询问是否批准一位老师在中学采用不同的方式给学生讲课，讲授小说，而不是讲授基准读物。帕姆说："如果你对她说不可以，她不仅仅不再说出其他的想法，而且会告诉其他10个人，这10个人也不会再向你提其他想法。"我们开发的模型很容易记住，四个步骤都很有意义，探索并发现新的观点、新的策略、新的行为，这些都是创造和设计经历的一部分，让学习者可以参与其中、享受愉悦并接受挑战。但考虑到学校官僚主义式的价值观和信念，要实施出来并不容易。

发明：模型

第一步：达成一致

"达成一致"这个术语和费舍尔与尤里写的谈判专著《达成一致》（*Getting to Yes*）的含义是不同的，尽管当新观点提出时，偶尔也需要通过谈判来找到一个教师、管理者，或者师生都认可的路径。某些在学校里完成的最具有创新性的工作，就是因为教师或者学生获得了管理者的批准。

在这方面有一个比较成功的例子，也是我们经常跟社区外的教育者分享的一个例子。这个例子在第一章里提到过，一所中学在学校餐厅里允许学生搭建滚动的树屋。帕姆"达成一致"的故事说明，如果管理者和老师对中学生进行松绑，让他们参与零基础的设计，征得学校管理者和老师的许可，挑战国家范围的标准化和惩戒规定，那么学生能够进行自己的创新。

教育行业的从业经历使得领导者对事情说"不同意"的次数远远大于说"同意"的次数，无论我们否认的理由是源于法律、政策、资金，或者仅仅是过去的经验。

"达成一致"对于教育界来说是终生的挑战，无论是对于教师、校长，还是对于教学督导。我们的迫切要求不是说"假使……将会怎么办？"而是迅速进入这样一种状态"可以，但是让我想一想。"或者，"现在不是进行这个项目的好时机"。然后，会话到此结束。达成一致是改变课程的重要领导力要素之一，既需要经验，又需要花时间听取各年龄段老师的建议。

回头看一下树屋项目。很明显，这事关系到到餐厅吃饭的学生。学生对这项工作的负责任的方法与成年人进行施工工作的方法类似，一个男孩明确地提醒另外两个男孩，一定要确保钉在木板上的钉子要到位；一个女孩说她会使用电钻，并愿意教大家，因为她的父亲曾经教过她；另一个学生说，放学后，他父亲就过来帮忙，因为这里需要人手。正像一位老师所说，学生们使用数学语言，仔细测量，但在做数学作业时，却从来不这样。

我们能否做到在美国的每所学校都能给孩子们提供像树屋这样的项目，不是为了通过考试而学习，而是因为有意义而学习？

首先同意学生开展树屋这个项目是第一步，当教育者或学生想改善学校的事情时，还必须完成其他三个关键步骤。下面三个步骤需要付出更多的努力，是领导力和管理能力的结合，而不仅仅表示同意。

第二步：团队参与

在我们改变航程的过程中，自下而上的想法和自上而下的支持是从发明到创新第一阶段的先决条件。团队参与不会偶然发生，而是需要解决一些关键问题："还有谁需要加入这个团队？我们可以邀请谁加入？如何增加多样性？"团队是关键。当团队共同参与设计时，你会发现观点的多样性和严谨性。团队合作可以增强创造力。他们探索盲点，考虑用户体验，探索同理心的不同可能性。他们经常相互问一些根本性的问题："我们如何可以减少对孩子们的限制，而不是增加限制？"

树屋项目之所以能够实现，是因为有一个成人团队愿意去挑战标准化的学习文化标准，以及一个中学生团队决定在餐厅创造成人意想不到的东西。赵勇形象地描述道："正是由于外部团队没有给出明确的目标这点吸引了孩子们。"

我们所在社区的每所学校，团队成员对把自己看作创造者、设计者和建设者已经习以为常，学习方式在很多方面都发生了巨大变化。我们有一位中学校长彻底改变了那些依靠补习而学习的孩子的学习方式，从而产生了如下学习模式：共同教学、项目导向式学习、丰富的跨学科课程、"四个老师在两个教室共同指导学生"的学习模式。小学教师成功地为学生创造了一种学习环境：设计、制作、小组互学、多个年龄段的学生一起学习，抛弃了以年龄划分年级的做法。我们看到，在社区的各个图书馆里，处处都是共享学习空间，其中一个小学图书馆馆员曾经冒险把一个小图书馆搬到高中，却发现，孩子们不愿意去图书馆，不愿意去查看资料。于是她改变主意，使用一款在线工具将设计图画出来，并将设计变成了现实。她设计并创建了如下的环境：包括骇客空间、音乐录制工作室、创客空间、诗人咖啡厅、学生互助小组、将高层和底层休息区连接在一起的游戏中心、学习区域，以及大型团体聚会区域。

无论我们往哪个方向发展，出入我们建造的人工环境或自然环境——只要教师将自己看作是以学生为中心的教育创造者、设计者、建设者、发明者和工程师，那么，我们就会看到进步教育风靡学校。这不是由于我们，而是由于对教育者自主性的支持，使其通过虚拟或现实手段与自己所在社区以及世界各地的其他社区建立连接。

第三步：利用资源

如果我们想突破传统教育的座右铭"如果你一直重复过去做过的事情，那么你就会原地踏步"，合理利用资源就显得异常关键。教育是昂贵的，并非像有些人所说的，金钱无所谓。在美国，多数社区学校在经济大萧条时，都失去了大部分经济援助。虽然近几年大部分社区的预算增加了一些，却赶不上物价上涨或者学校发展。不重新调整资源使用方式，就不会产生新的变革。我们也有过类似的经历。因此，为了促进发明和创新，我们采用不同的方法分配资源。有些时候，我们会重新配置资金，将纸质材料改为数字材料，包括学习工具的通用设计，让学生自由学习有关课程，这是前所未有的。这一改变可以发生在各个层面，例如任课教师、学校职能部门、学校管理层或地区教育管理层。

例如，我们没有每年使用资金去替换走廊的储物柜，因为我们只有部分高中生会使用储物柜。于是，我们重新调整资金，用充电插座、白板和学生座位代替储物柜区域，给学生在走廊创造了一个非正式的学习空间。之后，时常会有学生在分小组学习、独自学习（一般会带着耳机在电脑上学习），或者教师会在走廊里闲逛。我们提供资金支持，让教师有机会走出学校，将员工带到完全不同的环境，从差异中创造可能性，这是对传统教育的有效补充。将教育者派到芝加哥孩子博物馆参观小炉匠实验室，会让我们最初致力于将创客工作带入课堂的想法变成现实，尤其是当教师看到五六岁的孩子使用锤子和电钻等施工工具时，这一过去被禁止的行为，现在却可以开展了，他们对此感触颇深。

当我们专注于项目导向式学习、创客工作、互联技术应用时，我们有目的地调整了职业发展资金、技术资金、教学资源资金和资本改善基金的使用方式。这一改变开创了新的路径，提高了学习者的参与度和主动性，从而实现了教育公平、公正。对资金使用进行调整后，我们也有机会与课堂教师、图书管理员、体育老师、科学教育者、视觉及表演艺术老师、职业和技术教育老师及校长一起，对学习空间进行设想和设计，使学习空间既舒适又实用。当我们从过去一维的教学转换到现在的多维学习，年轻人有机会合作学习，或独立学习，选择他们需要的工具，完成他们需要完成的工作。学生可以自由选择舒服的姿势来学习：坐着、站着、蜷曲在沙发上，或躺在地毯上均可。我们了解到，为生活做好准备，意味着五岁的孩子、十几岁的孩子都做什么，进而不断建造和磨炼如何学习的能力，而非学习什么的能力。这一转变若要发生，就必须调整资源，这样才能对新的尝试给予支持，无论是一群教师想要组建夏季摇滚和说唱学院，还是某个学生想创建一个无人机俱乐部。

第四步：原型改变

原型让教育者将想法变成现实，尽管承担风险，但不会对社区整个员工队伍产生重要影响。社区在实践中采取重大改变，推出了数以千计的1：1设备，实行专业培训，实行一个又一个的项目，结果却令人大失所望：往好里说，各种尝试的失败造成了学习环境的混乱；往坏里说，失败造成大规模的系统故障。从自身经验中我们认识到，先在小范围内试用新的想法，即使失败，也不会影响整个系统。当我们对图书馆、时间表、学习空间、课程和教学方法进行改革时，先将新想法进行试用，进而了解如何支持当代学习者，原型实验室帮助我们实现这个目标。

最初对图书馆进行整修时，我们先从一所中学开始。在跟图书管理员共事时，我们了解到，她要先具备安全感，才会承担风险。在将这一变革引入到一所高中时，我们了解到，合作的思维会产生创造性的想法，后来产生了骇客空间、音乐工作室、学生互助中心、诗人咖啡馆、设计制造实验室以及各种不同的空间。在这里，学生可以安静地学习，或者分组一起工作。这一改变产生了广泛的影响。更多的学生和班级来这个图书馆参观。2013年，该图书馆因为创新性地将传统图书馆改变成学习共享空间，而荣获了美国全国学校委员会协会麦格纳奖。当我们对一所小学的设计进行更新时，我们被混龄教育深深吸引住了，最后创建了一个120个不同年龄的学生共同学习的灵活的学习空间，这个空间是团队学习区，以项目制学习、跨学科学习为导向。自此以后，我们又推出了两个混龄学习空间，还有一个处在计划阶段。

个人成长与实践

源　起

如果要摒弃现有的课程、标准和考试，你认为学校教育目标方面面临的挑战会是什么？你需要学习什么才能从事教育工作，如果教课内容、学习时间和方式方面不再有指导要求，你需要学些什么才能胜任教育领域的工作？如果学校社区致力于创建学生自主、情境中心式的学习环境，他们需要抓住那些要领呢？

现在可以打开你的Isearch日记，（在云端，或者用纸笔）记录下你的想法。哪些想法你觉得有道理（或没道理)?

结构化探究

公立学校有望成为进步主义教育方兴未艾之地，前提是必须抛弃旧有理念（如果学生没有按年龄分年级，没有对学习内容、学习时间和讲授方式上的严格限制，教师就不会教，学生也不会学）。如果将各种限制尽可能减少，关注在与学生终身学习能力养成相一致的循序渐进的目标上，教师为生命成长去教学，而不是为学校目标去教学的潜能就会释放出来。

搜索一下约翰·霍尔特（John Holt）的著作，以及他继承和发展起来的"自学成才"理念。传统学校中，去学校化是否可能呢？去学校化教育方式能给孩子、给你带来什么益处呢？将自己的想法记录下来，思考如何为孩子提供更多追求自己兴趣的选择机会，这并非随意而为，而是给予系统性的关注。

停下来反思

人们总是在博客或推特上搜索有关学校文化响应能力的观点。各个时代，学校教育的目标在于使社会同质化，在学习内容和教学方式上创造共性。通过对于"一刀切"式的教材、教学项目和职业培训进行营销，实现了学校的企业化。查德"以某种特定的方式施行教育，实际上剥夺了人们需要学习的语境文化"的观点引发了关注。

当你思考自己所在的班级、学校或地区时，这一观点对你意味着什么？如果要抛弃国家和州政府对于教育的控制，将课程本地化，以便教师能够调整时间、内容和教学法，这又意味着什么？学习者的好奇心、兴趣和背景经历，如何转化为学校课程、教学法和考试机制的语境？如果标准化考试不再是学生学习的驱动力，教师和家长应如何理解学习的发展与成长？我们如何得知？

采取行动

自古以来，学校存在是为了抵制学习目标的标准化。读者在读本书时，会了解到我们认为学习必须是灵活的、开放的，并且可以提供尽可能多的选择机会。私立学校、在家教育以及去学校化都代表了公立学校之外的可能的学习空间。在公立学校领域，一些特许学校开始创建更为进步的学习环境，例如，高科技高中（High Tech High）和宏大学校模式（Big Picture Schools Models）。

这些学校开展的教育模式，为什么不能推广到所有学校呢？我们应该怎样做才能推广进步主义教育方式呢？

改善你所在学校社区的学习生态多样性的四种行动

1. **"要培养学生的学习能力，每周设置1小时的天才一小时（Genius Hour）是不够的。"** 分析如何能够不牺牲探索完整的学习内容和学习体验，创造深度学习情境，来影响你所在班级、学校和地区的学生，又能涵盖考试内容标准？将你的想法写下来并与同事分享。你们可以共同做出哪些努力才能不牺牲真正的学习，又能涵盖考试内容？

2. 在你的班级和学校添置一处小型创客空间。 地点不限，也无需使用多种昂贵的技术。我们的图书管理员说胶棒、硬纸板和胶带就足够创建一处创客空间了。问学生们："你想要制作什么？"观察他们接下来会做什么。

3. 使用项目导向学习方式时，减少自己对于学生能做的可能性的限制，打破参数规则，给学生提供选择。 允许孩子们对于自己想要学习的内容提出问题。教学生们使用McCrorie ISearch方法，并以第一人称和第三人称方式开展项目。接受不同类型的展示媒介，可以是视频、网站等，而不单单是海报或书面报告。

4. 将你的项目去学校化。 不再使用"所有人都在做同一个项目"的方法。工作时，超越标准化学习，留出更多空白。问学习者他们最感兴趣的是什么。从他们的回答中获得启发，并找出他们的兴趣和可能追寻的问题间的联系。在帮助学生相互协作，追求自己本身感兴趣的学习时，找到课程间的交界点。如果你深受标准束缚，可以每天创造学习空间，使用各种设备、书籍、创客、艺术材料，以及班级内外的专家，帮助学生打破疆界，进行新的探索。激发学生内在的驱动力，教导他们学习。鼓励他们彼此交流。记录下他们的问题。制造机会与家长、校长和班级同学分享他们的作品。邀请家长参加具有生物多样性特点的学习社区展览。

后 记

让每一个孩子都有机会获得成功

他坐在教室后面，有时会盯着头顶上的荧光灯，灯光忽明忽暗，发出嗡嗡响声；有时又会望向窗外，操场外面的马路上车水马龙，川流不息；又有时，他会以别人察觉不到的方式盯着课桌上的木纹、地板的纹理，抑或是自己牛仔裤上的布料出神。

回到现实世界，他知道老师通常是在讲课；一些人在读书或写作，又或在传递纸条或相互推搡；有的彼此交谈，或将铅笔扔到地上，再弯腰捡起来。他知道大家在反复学习数字、字母或单词，但哪一样都引不起他的兴趣。他知道自己反正也不需要学习这些。他观察着自己的小世界，讲述着自己的故事；算着加减乘除，任由时间慢慢流淌；观察着地球每天旋转的轨迹，他找到自己的科学兴趣。他也知道，如果老师强迫他去按照大家的方式去学习，他总能找到理由去抗拒。

于是，他就这样坐着。与逮住他开小差的老师达成了停火协议。他等待着最好的日子——下雨天，雨水沿着窗玻璃流淌；过往的汽车相互喷溅着水花；而他呢，也终于可以在放学铃声响后，慢悠悠地走回家，任由雨水浇在身上，投入到它冰冷的怀抱中。

我们生活在一个对数据着迷的社会，人们需要证据来证明一连串的教育决策是否有成效。交互技术、连接性、设计能力、创客工作、项目导向学习，以及"如何学习"的各项能力，是否能够决定未来的学习。数据驱动教育甚至拓展到了LED灯光颜色都被拿来营销，据说对学习者的考试成绩能够起到积极影响，其目的在于在学校中推销这种新技术。

为了能在教育系统内部创造真正深度变革的条件，两位伟大的思想家提醒我们需要跳出对学生学习数据的"毫无意义的计算"。20世纪创新管理大师爱德华·戴明（1900–1993），带领日本走出第二次世界大战后的工业危机，到了20世纪70年代，日本的工业地位在世界占据领先地位。他在其著作《转危为安》（*Out of the Crisis*）一书中写道：

仅以可见数字经营公司者会很快就失去公司，也没有可见的数字可运用了。

进行数字目标管理的人并不了解该如何管理，实际是在制造恐惧。

英国教育家、作家肯·罗宾逊爵士认为：

公立学校不是为了工业主义利益而创建的，而是基于工业主义的形象而创立的，这样设计的初衷是为了支持工业化社会建设，学校在许多方面也表现出工厂文化。高中学校尤为如此，学校教育建立在流水线和劳动力按效率分工的原则上，将课程进行专业性细分——有的教师将数学知识灌输给学生，有的则讲授历史课。他们将每日作息分解为标准化时间段，以铃声为分界点，这跟工厂每日响铃上班、响铃下班的作息方式极为相像。一批批的学生根据年龄接受教育，似乎学生最重要的相似点在于他们的生产日期。在将他们推向市场之前，要参与标准化测试，给出分数，并相互比较。我知道，这一类比并不贴切，也忽略了教育系统的许多微妙之处，但这也很接近了。

我们在日常工作中，不再关注标准化考试数据，部分原因在于我们认为大多数学校所在地区、学校及课堂所看重的衡量教育结果的数据，对于1910年学校创立之初时的社会很重要，但对于2017年的社会，已然过时了。总体来看，学校对于学习评估方式进行了一系列转变，表现不俗：从脱离情境的州级考试，转为地方自主考试，再到基于语境的绩效评估。

然而，对于学生必须要参加的所有考试，我们时常会思考：我们真正衡量的是什么价值观？学生为什么要通过充斥着脱离语境的数学理论的代数能力测试，并且要求使用程序化解决方案来对问题做出应对呢？对于高中低年级学生来说，在参加州级考试时，对《巨龙咖啡店的子夜》（*Midnight at the Dragon Cafe*）这部写于2004年，317页篇幅的小说某个选段进行加工，并做选择题，选出"沉思"（pensive）一词的意思，选出某个句子中人物角色的感受，以及某个短语使用的什么文学技法等，这对他们究竟有什么意义呢？学生、家长和教师时常会问，谁会关心这样的考试问题呢？标准化测试真的能够衡量出重要的学习内容吗？我们所做事情的动机何时才能转变为为了孩子去阅读小说，或者使用数学知识理解和解决他们生活中的真正的难题，而不只是通过考试？

过度数据化使学校更为喧闹、复杂，又产生了对于学习的各种限制，使得教育的真正目的（使毕业生离开学校时已经为未来人生做好准备，并能够应对摆在前面的各种挑战）无法实现。在美国各个学校，数据驱动练习的安排，孩子每天处于透支状态，进行考试训练或者学习考试技巧。数据驱动技术使用，不是自主搜索、连接、交流或者创造式学习，而是对于乘法法则和阅读语篇中的句子填空进行机械式背诵。盲目使用数据，使得教师布置太多的家庭作业，使孩子们为班级考试、州级考试和AP考试做好准备。数据驱动学校采购"一刀切"式的教学程序，却不能满足所有学校社区的需要。数据驱动职业发展，提高教师技能，使其能够更好地进行测试和使用数据，并在考试复习过程中了解已讲解的内容和已测试的内容。

定量数据的采集和分析，使学生弱化为定量分析表上的数字或者趋势图上的某个点。我们认为这是错误的，我们时刻牢记，当学习能够造就孩子时，这才是真正的学习。帕姆在1975年的某个教室中看到了一句标语"如果你感到很有乐趣，那你不是在学习"，对此，我们并不认同。同样的还有，"第一年工作的教师不应该露出笑脸，要到第二个学期才可以"，而我们认为"只工作，不玩耍，杰克会变傻"。换句话说，教师、政客和企业对于数据的执迷，不该阻碍学生对于学习的好奇心和兴趣。我们去了解每个学生如何学习，以及怎样做来帮助他们时，脱离情境的数据表应该尽量少用。

在本书中，我们选择关注定性的、简单的参与因素，这可以追溯到人类在自然环境中如何学习。

例如，孩子能够讲故事吗？能够学习沟通如何做事吗？在解决问题时，是否有自己的想法呢？他们能否在周遭环境中发现数学？在真实或虚拟环境中使用工具进行创作时，是否能够想出解决方案？年轻人如何研究并找出了解他们需要或者想要知道的事情的对象？当处理棘手的问题时，比如，说服社区进行可持续发展时，他们是如何学习相互协作，有创意地解决问题的？当玩耍成为一种学习图案、质地、颜色、形状和大小的途径时，会怎样呢？如何建造鲁伯·戈德堡装置（Rube Goldberg contraptions），以便孩子可以进行力和运动的实验，将理论概念转变为真正的知识？创作音乐或诗歌与编码制作一款应用，有什么相似之处？如何通过走廊中和学习空间中的欢笑声来衡量一所学校的幸福指数？

回到起初，谈到我们关注更为观察性和自然的设计的初衷，以及在分享对于学校中领导力、学习和生活的发现时，也会再次思考：

当你看到学校时，会想到什么？

当你在课堂中观察时，会想到什么？

当你看到在操场上、马路上或者公园里的孩子们时，会想到什么？

学习，意味着什么？成长，又意味着什么？

最终，都要落实到知道如何去看待事物，明白所看到的是什么，再将我们从有益观点中的收获转变为有益于孩子的实际行动。

"我可以写'亲爱的家长，您的儿子在学校认为不重要的事情上有很大长进'吗？"一天，托马斯·拉西奇在推特上写道。拉西奇老师是西澳大利亚州的一位教师，他工作的对象是一群"问题孩子"，他本人也是一位杰出的观察者。他看重的是孩子本身，不是统计学数据，他衡量的是学习能力，不是知识碎片。在评估自己的"差生"时，他会留意，哪里"不再有（自我）虐待"，在看到成绩单时，何时"开始面露微笑"。最后，他说："每次哪个（过去完全不懂社交的）孩子走进办公室并说了一句'请'，或者与我们击掌，我们都会说，'赶紧记下来这点'。"

因此，尽管这本书已经包含诸多主题，但最重要的一点是学会怎样留意，多多留意孩子。因为一旦我们能够在学校内外清晰了解孩子身上究竟发生了什么，我们就可以学会如何采取迅捷快速又深思熟虑的行动来改变我们沿袭的这一教育系统。

我们继续这一旅程，探索不同的路径时，总是定睛在未来的目的地上——在那里，所有的孩子都可以在学校成才，尽管他们的兴趣、背景经历和身份认同仍然千差万别。这意味着现有的主导性学校将一些孩子看作是能胜任的、优秀的学习者，却又因为一些学生的家庭、性别、种族、残疾、民族或者收入水平，而对他们怀有偏见，认定他们有缺陷。这点，需要加以识别、分析、质疑和更改。

为了能够超越数代人之前建立起来的后殖民地学校架构，教育工作者必须质疑偏见，反省自己看待孩子（一些与教师本身反差极大的孩子）

时的有色眼镜。尽管我们看重白手起家的信念：即使你出身贫寒，但只要工作勤恳，受到良好教育，你就可以有所成就。这种想法基本是不现实的。

教育很重要，但如果孩子离开学校时不具备承担责任、战胜过去生活难题的信心和能力，我们就需要反思了。我们了解如何教导孩子通过考试。我们能够挑出行为出格的学生严加管教，避免他们破坏学校规章制度，但这些做法都无法提供孩子们需要的学习，无法帮助他们取得未来的成功。若不对一言堂式的教学实践和教学思维进行彻底改革，就无法帮助学生在将来有所成就。要做到这一点，需要付出艰苦卓绝的思考和行动。

为了实现我们设想的学习目标，教育工作者必须摒弃对孩子的主导观念，他们与满堂灌教学的成人大不相同，这点成为他们学习的阻碍。教师应该与学生打成一片，又能让学生自己成为教师。就像哥伦比亚大学"魔法"教育学者克里斯·埃姆金（Chris Emdin）所言：

尽管人们普遍接受一种观点：媒体对城市青年的叙述存在缺陷，社会也时常通过监督让学校强化这一观点，使这种印象更深扎根在教师的心思意念当中……当教师看待学生像看待自己一样，他们就能发现学生的优点。可以将学生看作是英雄，因为他们生活在被剥夺了各种资源的社区之中，却又战胜了各样挑战。不该将他们看作是受害者，而应该是可以分享信息的伙伴。一旦教师用平等的眼光去看待学生，他们就会请学生对讲课给出反馈，在学校运营方面考虑学生的观点想法，允许他们

以非传统方式表达所学知识内容，并在课堂内外都参与和他们的互动。

我们围绕学生做的每件事情、说的每句话、构建的每一处空间、推行的每一种时间表、制定的每一条规则，要么，对所有学生开放，促进他们的学习；要么，就会造成更多的限制、阻碍和选拔机制。每件事情都如此。也许任何改变的根源都基于这种观点。

但也有其他事情，如果你不认为你可以做出改变，或者你所在的教育系统可以做出改变，如果你不相信改变的可能性，你就无法提供给学生他们真正需要的东西。我们必须相信孩子有能力做出改变，否则，教育还有什么意义呢？帕姆和伊拉有一次对一位新任老师这样说道。他不相信8-10岁的孩子四月份的样子会与九月份截然不同，这是效能感缺乏，即他的工作就是改变制造者，他发现自己无法激发学生任何改变的可能性。这意味着对于来自绝望家庭环境中的学生，学校也没什么两样。中产阶级家庭的孩子如果身处这样的班级中，尚可以回到家庭汲取源源不断的启发和灵感，但这显然造成了不同家庭学生在学习机会上的巨大鸿沟。

因此，必须明白，我们自己作为观察者，了解自己所做的事情会产生的影响力，并将自己看作是这个极度不完美的世界中的改变制造者，我们必须勇敢前行。

我们渴望这世界能够为每位学生创造机遇，使他们获得成功。但通往这一目标的道路是漫长又艰难的。我们所有人都在这条路上行走，大家达成的共识是，无论目前已经取得了怎样的成就，我们依然还在路上。

"常青藤"书系—中青文教师用书总目录

书名	书号	定价
特别推荐——从优秀到卓越系列		
★ 从优秀教师到卓越教师：极具影响力的日常教学策略（入选浙江省教师节用书）	9787515312378	33.80
★ 从优秀教学到卓越教学：让学生专注学习的最实用教学指南	9787515324227	39.90
★ 从优秀学校到卓越学校：他们的校长在哪些方面做得更好	9787515325637	33.80
★ 卓越课堂管理（中国教育新闻网2015年度"影响教师的100本书"）	9787515331362	88.00
名师新经典/教育名著		
★ 马文·柯林斯的教育之道：通往卓越教育的路径（《中国教育报》2019年度"教师喜爱的100本书"，中国教育新闻网"影响教师的100本书"，朱永新作序，李希贵力荐）	9787515355122	49.80
如何当好一名学校中层：快速提升中层能力、成就优秀学校的31个高效策略	9787515346519	29.00
像冠军一样教学：引领学生走向卓越的62个教学诀窍	9787515343488	49.00
像冠军一样教学2：引领教师掌握62个教学诀窍的实操手册与教学资源	9787515352022	68.00
★ 如何成为高效能教师（美国最畅销教师用书，销量超过350万册，教师培训第一书）	9787515301747	89.00
★ 给教师的101条建议（第三版）（《中国教育报》"最佳图书"奖）	9787515342665	33.00
★ 改善学生课堂表现的50个方法（入选《中国教育报》"影响教师的100本书"）	9787500693536	33.00
改善学生课堂表现的50个方法操作指南：小技巧获得大改变	9787515334783	29.00
★ 优秀教师一定要知道的17件事（美国当前最有影响教育畅销书作者全新力作）	9787515342726	23.00
美国中小学世界历史读本/世界地理读本/艺术史读本	9787515317397等	106.00
美国语文读本1-6	9787515314624等	252.70
和优秀教师一起读苏霍姆林斯基	9787500698401	27.00
快速破解60个日常教学难题	9787515339320	33.00
★ 美国最好的中学是怎样的——让孩子成为学习高手的乐园	9787515344713	28.00
建立以学习共同体为导向的师生关系：让教育的复杂问题变得简单	9787515353449	33.80
教师成长/专业素养		
从实习教师到优秀教师	9787515358673	39.90
像领袖一样教学：改变学生命运，使学生变得更好（中国教育新闻网2015年度"影响教师的100本书"）	9787515355375	49.00
你的第一年：新教师如何生存和发展	9787515351599	33.80
教师精力管理：让教师高效教学，学生自主学习	9787515349169	28.00
如何使学生成为优秀的思考者和学习者：哈佛大学教育学院课堂思考解决方案	9787515348155	39.80
反思性教学：一个已被证明能让所有教师做到最好的培训项目（30周年纪念版）	9787515347837	49.00
★ 凭什么让学生服你：极具影响力的日常教育策略（中国教育新闻网2017年度"影响教师的100本书"）	9787515347554	28.00
运用积极心理学提高学生成绩（中国教育新闻网2017年度"影响教师的100本书"）	9787515345680	39.80
★ 可见的学习与思维教学：让教学对学生可见，让学习对教师可见（中国教育报2017年度"教师最喜爱的100本书"）	9787515345000	29.80
可见的学习与思维教学：成长型思维教学的54个教学资源：教学资源版	9787515354743	36.00

书名	书号	定价
教学是一段旅程：成长为卓越教师你一定要知道的事	9787515344478	39.00
安奈特·布鲁肖写给教师的101首诗	9787515340982	35.00
万人迷老师养成宝典学习指南	9787515340784	28.00
中小学教师职业道德培训手册：师德的定义、养成与评估	9787515340777	32.00
成为顶尖教师的10项修炼（中国教育新闻网2015年度"影响教师的100本书"）	9787515334066	35.00
★ T. E. T. 教师效能训练：一个已被证明能让所有年龄学生做到最好的培训项目（30周年纪念版）（中国教育新闻网2015年度"影响教师的100本书"）	9787515332284	49.00
教学需要打破常规：全世界最受欢迎的创意教学法（中国教育新闻网2015年度"影响教师的100本书"）	9787515331591	33.00
10天卓越教师自我培训（教育家安奈特·布鲁肖顶尖卓越教师培训教材）	9787515329925	29.00
给幼儿教师的100个创意：幼儿园班级设计与管理/为幼升小做准备	9787515330310等	58.00
给小学教师的100个创意：发展思维能力	9787515327402	29.00
给中学教师的100个创意：如何激发学生的天赋和特长/杰出的教学/快速改善学生课堂表现	9787515330723等	87.90
以学生为中心的翻转教学11法	9787515328386	29.00
如何使教师保持职业激情	9787515305868	29.00
★ 如何培训高效能教师：来自全美权威教师培训项目的建议	9787515324685	32.00
良好教学效果的12试金石：每天都需要专注的事情清单	9787515326283	29.90
★ 让每个学生主动参与学习的37个技巧	9787515320526	28.00
给教师的40堂培训课：教师学习与发展的最佳实操手册	9787515352787	39.90
提高学生学习效率的9种教学方法	9787515310954	27.80
★ 优秀教师的课堂艺术：唤醒快乐积极的教学技能手册	9787515342719	26.00
★ 万人迷老师养成宝典（第2版）（入选《中国教育报》"2010年影响教师的100本书"）	9787515342702	29.00
高效能教师的9个习惯	9787500699316	23.00
★ 好老师可以避免的20个课堂错误（入选《中国教育报》"2010年影响教师的100本书"）	9787500688785	21.50
课堂教学/课堂管理		
跨学科项目式教学：通过"+1"教学法进行计划、管理和评估	9787515361086	49.90
课堂上最重要的56件事	9787515360775	35.00
全脑教学与游戏教学法	9787515360690	39.00
深度教学：运用苏格拉底式提问法有效开展备课设计和课堂教学	9787515360591	49.90
一看就会的课堂设计：三个步骤快速构建整体的课堂管理体系	9787515360584	39.90
如何有效激发学生学习兴趣	9787515360577	38.00
如何解决课堂上最关键的9个问题	9787515360195	49.00
多元智能教学法：挖掘每一个学生的最大潜能	9787515359885	39.90
探究式教学：让学生学会思考的四个步骤	9787515359496	39.00
课堂提问的技术与艺术	9787515358925	49.00
如何在课堂上实现卓越的教与学	9787515358321	49.00
基于学习风格的差异化教学	9787515358437	39.90

书名	书号	定价
如何在课堂上提问：好问题胜过好答案	9787515358253	39.00
★ 高度参与的课堂：提高学生专注力的沉浸式教学	9787515357522	39.90
让学习变得有趣	9787515357782	39.00
★ 如何利用学校网络进行项目式学习和个性化学习	9787515357591	39.90
基于问题导向的互动式、启发式与探究式课堂教学法	9787515356792	49.00
如何在课堂中使用讨论：引导学生讨论式学习的60种课堂活动	9787515357027	38.00
如何在课堂中使用差异化教学	9787515357010	39.90
如何在课堂中培养成长型思维	9787515356754	39.90
每一位教师都是领导者：重新定义教学领导力	9787515356518	39.90
教室里的1-2-3魔法教学：美国广泛使用的从学前到八年级的有效课堂纪律管理	9787515355986	39.90
如何在课堂中使用布卢姆教育目标分类法	9787515355658	39.00
如何在课堂上使用学习评估	9787515355597	39.00
7天建立行之有效的课堂管理系统：以学生为中心的分层式正面管教	9787515355269	29.90
积极课堂：如何更好地解决课堂纪律与学生的冲突	9787515354590	38.00
设计智慧课堂：培养学生一生受用的学习习惯与思维方式	9787515352770	39.00
追求学习结果的88个经典教学设计：轻松打造学生积极参与的互动课堂	9787515353524	39.00
从备课开始的100个课堂活动设计：创造积极课堂环境和学习乐趣的教师工具包	9787515353432	33.80
老师怎么教，学生才能记得住	9787515353067	48.00
多维互动式课堂管理：50个行之有效的方法助你事半功倍	9787515353395	39.80
智能课堂设计清单：帮助教师建立一套规范程序和做事方法	9787515352985	49.90
提升学生小组合作学习的56个策略：让学生变得专注、自信、会学习	9787515352954	29.90
快速处理学生行为问题的52个方法：让学生变得自律、专注、爱学习	9787515352428	39.00
王牌教学法：罗恩·克拉克学校的创意课堂	9787515352145	39.80
让学生快速融入课堂的88个趣味游戏：让上课变得新颖、紧凑、有成效	9787515351889	39.00
★ 如何调动与激励学生：唤醒每个内在学习者（李希贵校长推荐全校教师研读）	9787515350448	39.80
合作学习技能35课：培养学生的协作能力和未来竞争力	9787515340524	45.00
基于课程标准的STEM教学设计：有趣有料有效的STEM跨学科培养教学方案	9787515349879	68.00
如何设计教学细节：好课堂是设计出来的	9787515349152	39.00
15秒课堂管理法：让上课变得有料、有趣、有秩序	9787515348490	33.80
混合式教学：技术工具辅助教学实操手册	9787515347073	39.80
从备课开始的50个创意教学法	9787515346618	29.00
中学生实现成绩突破的40个引导方法	9787515345192	33.00
给小学教师的100个简单的科学实验创意	9787515342481	39.00
老师如何提问，学生才会思考	9787515341217	33.80
教师如何提高学生小组合作学习效率	9787515340340	29.00
卓越教师的200条教学策略	9787515340401	35.00
中小学生执行力训练手册：教出高效、专注、有自信的学生	9787515335384	33.80
从课堂开始的创客教育：培养每一位学生的创造能力	9787515342047	33.00

	书名	书号	定价
	提高学生学习专注力的8个方法：打造深度学习课堂	9787515333557	35.00
	改善学生学习态度的58个建议	9787515324067	25.00
★	全脑教学（中国教育新闻网2015年度"影响教师的100本书"）	9787515323169	38.00
★	全脑教学与成长型思维教学：提高学生学习力的92个课堂游戏	9787515349466	39.00
★	哈佛大学教育学院思维训练课	9787515325101	36.00
	完美结束一堂课的35个好创意	9787515325163	28.00
	如何更好地教学：优秀教师一定要知道的事（被英国教育界奉为圣经的教学用书）	9787515324609	36.00
	带着目的教与学	9787515323978	28.00
★	美国中小学生社会技能课程与活动（学前阶段/1-3年级/4-6年级/7-12年级）	9787515322537等	153.80
	彻底走出教学误区：开启轻松智能课堂管理的45个方法	9787515322285	28.00
	破解问题学生的行为密码：如何教好焦虑、逆反、孤僻、暴躁、早熟的学生	9787515322292	36.00
	13个教学难题解决手册	9787515320502	28.00
★	让学生爱上学习的165个课堂游戏	9787515319032	39.00
	美国学生游戏与素质训练手册：培养孩子合作、自尊、沟通、情商的103种教育游戏	9787515325156	36.00
	老师怎么说，学生才会听	9787515312057	28.00
	快乐教学：如何让学生积极与你互动（入选《中国教育报》"影响教师的100本书"）	9787500696087	29.00
★	老师怎么教，学生才会提问	9787515317410	29.00
★	快速改善课堂纪律的75个方法	9787515313665	28.00
★	教学可以很简单：高效能教师轻松教学7法	9787515314457	39.00
★	好老师应对课堂挑战的25个方法（《给教师的101条建议》作者新书）	9787500699378	25.00
★	好老师激励后进生的21个课堂技巧	9787515311838	23.80
	开始和结束一堂课的50个好创意	9787515312071	29.80
	好老师因材施教的12个方法（美国著名教师伊莉莎白"好老师"三部曲）	9787500694847	22.00
★	如何打造高效能课堂（美国《学习》杂志"教师必选"奖，"激励教师组织"推荐书目）	9787500680666	29.00
	合理有据的教师评价：课堂评估衡量学生进步	9787515330815	29.00
班主任工作/德育			
★	北京四中8班的教育奇迹	9787515321608	36.00
★	师德教育培训手册	9787515326627	29.80
	中小学教师职业道德培训手册：师德的定义、养成与评估	9787515340777	32.00
★	好老师征服后进生的14堂课（美国著名教师伊莉莎白"好老师"三部曲）	9787500693819	25.00
	优秀班主任的50条建议：师德教育感动读本（《中国教育报》专题推荐）	9787515305752	23.00
学校管理/校长领导力			
	重新设计学习和教学空间：设计利于活动、游戏、学习、创造的学习环境	9787515360447	49.90
	重新设计一所好学校：简单、合理、多样化地解构和重塑现有学习空间和学校环境	9787515356129	49.00
	让樱花绽放英华	9787515355603	79.00
	学校管理者平衡时间和精力的21个方法	9787515349886	29.90
	校长引导中层和教师思考的50个问题	9787515349176	29.00

书名	书号	定价
如何定义、评估和改变学校文化	9787515340371	29.80
优秀校长一定要做的18件事（入选《中国教育报》"2009年影响教师的100本书"）	9787515342733	26.00
学科教学/教科研		
北京四中语文课. 千古文章	9787515360973	59.00
北京四中语文课. 亲近经典	9787515360980	59.00
从备课开始的56个英语创意教学：快速从小白老师到名师高手	9787515359878	49.90
美国学生写作技能训练	9787515355979	39.90
《道德经》妙解、导读与分享（诵读版）	9787515351407	49.00
京沪穗江浙名校名师联手教你：如何写好中考作文	9787515356570	49.90
京沪穗江浙名校名师联手授课：如何写好高考作文	9787515356686	49.80
★ 人大附中中考作文取胜之道	9787515345567	39.80
★ 人大附中高考作文取胜之道	9787515320694	33.80
★ 人大附中学生这样学语文：走近经典名著	9787515328959	33.80
四界语文（中国教育报2017年度"教师喜爱的100本书"）	9787515348483	49.00
让小学一年级孩子爱上阅读的40个方法	9787515307589	39.90
让学生爱上数学的48个游戏	9787515326207	26.00
轻松100课教会孩子阅读英文	9787515338781	88.00
情商教育/心理咨询		
9节课，教你读懂孩子：妙解亲子教育、青春期教育、隔代教育难题	9787515351056	39.80
★ 学生版盖洛普优势识别器（独一无二的优势测量工具）	9787515350387	169.00
与孩子好好说话（获"美国国家育儿出版物（NAPPA）金奖"，沟通圣经）	9787515350370	39.80
中小学心理教师的10项修炼	9787515309347	36.00
★ 别和青春期的孩子较劲（增订版）（入选《中国教育报》"2009年影响教师的100本书"）	9787515343075	28.00
★ 100条让孩子胜出的社交规则	9787515327648	28.00
守护孩子安全一定要知道的17个方法	9787515326405	32.00
幼儿园/学前教育		
德国幼儿的自我表达课：不是孩子爱闹情绪，是她/他想说却不会说！	9787515359458	59.00
德国幼儿教育成功的秘密：近距离体验德国学前教育理念与幼儿园日常活动安排	9787515359465	49.80
美国儿童自然拼读启蒙课：至关重要的早期阅读训练系统	9787515351933	49.80
幼儿园30个大主题活动精选：让工作更轻松的整合技巧	9787515339627	39.80
★ 美国幼儿教育活动大百科：3-6岁儿童学习与发展指南用书 科学 / 艺术 / 健康与语言 / 社会	9787515324265等	600.00
蒙台梭利早期教育法：3-6岁儿童发展指南（理论版）	9787515322544	29.80
蒙台梭利儿童教育手册：3-6岁儿童发展指南（实践版）	9787515307664	25.00
★ 自由地学习：华德福的幼儿园教育	9787515328300	29.90
赞美你：奥巴马给女儿的信	9787515303222	19.90
史上最接地气的幼儿书单	9787515329185	39.80

书名	书号	定价
教育主张/教育视野		
终身学习：让学生在未来拥有不可替代的决胜力	9787515360560	49.90
颠覆性思维：为什么我们的阅读方式很重要	9787515360393	39.90
如何教学生阅读与思考：每位教师都需要的阅读训练手册	9787515359472	39.00
"互联网+"时代，如何做一名成长型教师	9787515340302	29.90
培养改变世界的学习者：美国最好的教育给我们的启示	9787515356877	39.90
教出阅读力	9787515352800	39.90
为学生赋能：当学生自己掌控学习时，会发生什么	9787515352848	33.00
如何用设计思维创意教学：风靡全球的创造力培养方法	9787515352367	39.80
如何发现孩子：实践蒙台梭利解放天性的趣味游戏	9787515325750	32.00
如何学习：用更短的时间达到更佳效果和更好成绩	9787515349084	49.00
教师和家长共同培养卓越学生的10个策略	9787515331355	27.00
★ 如何阅读：一个已被证实的低投入高回报的学习方法	9787515346847	39.00
★ 芬兰教育全球第一的秘密（钻石版）（《中国教育报》等主流媒体专题推荐，台湾地区教育类畅销书榜第一名）	9787515359922	59.00
世界最好的教育给父母和教师的45堂必修课（《芬兰教育全球第一的秘密》2）	9787515342696	28.00
★ 杰出青少年的7个习惯（精英版）（中小学图书馆推荐书目、中国青少年必读书目）	9787515342672	39.00
杰出青少年的7个习惯（成长版）	9787515335155	29.00
★ 杰出青少年的6个决定（领袖版）（中小学图书馆推荐书目、中国青少年必读书目、全国优秀出版物奖）	9787515342658	28.00
★ 7个习惯教出优秀学生（第2版）（全球第一畅销书《高效能人士的七个习惯》教师版）	9787515342573	39.90
学习的科学：如何学习得更好更快（入选中国教育网2016年度"影响教师的100本书"）	9787515341767	39.80
杰出青少年构建内心世界的5个坐标（中国青少年成长公开课）	9787515314952	59.00
★ 跳出教育的盒子（第2版）（美国中小学教学经典畅销书）	9787515344676	35.00
夏烈教授给高中生的19场讲座（入选《中国教育报》"2013年最受教师欢迎的100本书"）	9787515318813	29.90
★ 学习之道：美国公认经典学习书	9787515342641	39.00
★ 翻转学习：如何更好地实践翻转课堂与慕课教学（中国教育新闻网2015年度"影响教师的100本书"）	9787515334837	32.00
翻转课堂与慕课教学：一场正在到来的教育变革	9787515328232	26.00
翻转课堂与混合式教学：互联网+时代，教育变革的最佳解决方案	9787515349022	29.80
翻转课堂与深度学习：人工智能时代，以学生为中心的智慧教学	9787515351582	29.80
★ 奇迹学校：震撼美国教育界的教学传奇（中国教育新闻网2015年度"影响教师的100本书"）	9787515327044	36.00
★ 学校是一段旅程：华德福教师1—8年级教学手记	9787515327945	32.00
★ 高效能人士的七个习惯（30周年纪念版）（全球畅销书）	9787515350585	79.00

您可以通过如下途径购买：

1. 书　　店：各地新华书店、教育书店。
2. 网上书店：当当网（www.dangdang.com）、亚马逊中国网（www.amazon.cn）、天猫（zqwts.tmall.com）京东网（www.360buy.com）。
3. 团　　购：各地教育部门、学校、教师培训机构、图书馆团购，可享受特别优惠。
　　购书热线：010-65511270 / 65516873

《从优秀教师到卓越教师：极具影响力的日常教学策略》

作 者：（美）安奈特·布鲁肖
　　　　托德·威特克尔

ISBN：978-7-5153-1237-8

开 本：16

页 码：336

定 价：33.80元

★ 入选浙江省教师节用书
★ 入选中小学教师必读图书
★ 入选"新华杯"教师读书征文比赛推荐图书
★ 高效：一天一个简单易学的方法，5分钟就能让你的教学效果"立竿见影"
★ 实用：180天，闲暇之时就能轻松学习新理论、新方法、新智慧
★ 权威：美国最受欢迎的教育家与数千名卓越教师的无私分享，让你获得全新的教学视野
★ 超强影响力：美国教育界公认最好的教师培训项目二十余年的宝贵经验

　　本书是一本覆盖全学年的实用教学指南，一共包含 180 天，几乎覆盖了整个学年的教学时间，每一天为教师提供一个与教学相关的方法、策略或者行动建议，以提高教学的有效性。教师每天只需花几分钟的时间，就能获得新进步、新收获。

　　作为一名教师，由于肩负着众多的责任，所以很容易顾此失彼，看重一些我们本无须看重的东西，忽略一些我们本不该忽略的东西。因此，每一天，我们都需要提醒自己做自己该做的事情。本书将在你教学的每一天为你送上温馨的提醒、善意的建议、周全的行动计划。

像冠军一样教学：
引领学生走向卓越的62个教学诀窍

ISBN：9787515343488
作者：[美]道格·莱莫夫
2016-9　定价：49.00元
上架建议：畅销书　教师用书

入选《中国教育报》2016年度"教师喜爱的100本书"
入选中国教育新闻网2016年度"影响教师的100本书"

- 被誉为美国的"教学圣经"
- 全球1700万教师口碑相传的教学指南
- 教育界罕见的销量过千万的全球畅销书
- 只要掌握技巧，没有教不会的学生
- 一套已被证明适合每一所学校和每一个教师课堂的实用教学工具
- 《纽约时报》《时代周刊》《洛杉矶时报》《华盛顿邮报》《华尔街日报》《今日美国》等权威媒体重磅推荐
- 伟大的教师不是天生的，而是后天造就的。事实上，每一位教师都可以选择加倍努力来完善自己，最终成为你想成为的教师。本书涉及的62个教师技巧，一直被大多数教师实践，所有遵循这些方法的教师，都成功掌控了自己的课堂。

内容简介：《像冠军一样教学：引领学生走向卓越的62个教学诀窍》被誉为美国的"教学圣经"，作者多年来观察教学成效出色的冠军教师，从他们的教学技巧中整理归纳出一套实用的教学手册，清晰易懂又容易上手，能帮助新手教师更快进入状况，快速提升教学效果；帮助老教师直达教育本质，沉淀教学精华；帮助学生发挥最大潜力，在未来拥有更多机会。

全书在一个个引人入胜的教学案例中，为教师提供了62个操作简便、高效实用的教学技巧，每章末均附有切实可行的培训练习，帮助教师进一步理解和反思他们的教学行为，以更好地引导学生专注学习，发挥最大潜力。

作者简介：道格·莱莫夫是美国畅销书作家、权威教育家、著名教师培训导师。毕业于哈佛大学。

道格是教育界的权威专家。不仅如此，他还是全美教师培训界最引人注目的导师，他在观察几千堂"不可思议"的高效课堂后，归纳出冠军教师所需要的62个教学诀窍，他关于教学的理念和方法，一直被大多数教师实践，所有遵循这些方法的人，都成功掌控了自己的课堂和生活，并从中获得了无限快乐和幸福。

《像冠军一样教学：引领学生走向卓越的62个教学诀窍》出版后，在全球教育界引起巨大震动，包括《纽约时报》《洛杉矶时报》等主流媒体都做过专文报道。莱莫夫本人也声名鹊起，哈佛大学教育学院数次诚邀他登台演讲，约旦王后拉尼娅盛情邀请他出任教育顾问。

他还撰写了畅销书《练习的力量：把事情做到更好的42法则》。

高度参与的课堂：提高学生专注力的沉浸式教学

ISBN：978-7-5153-5752-2
作者：[美] 罗伯特·J.马扎诺
黛布拉·皮克林
塔米·赫夫尔鲍尔
定价：39.90元

入选中国教育网2019年度"影响教师的100本书"
入选江苏省如皋市教育局指定教师阅读书目
入选重庆新华2020年重点品种

- 美国教育界专家、马扎诺研究中心创始人倾情力作
- 长期占据美国亚马逊教育理论类书籍榜单
- 教师人手一本的实践教学指南
- 帮助教师更轻松管理课堂，帮助学生更容易融入课堂

内容简介：

本书涉及的课堂实践可以积极地影响学生的专注力和参与度。学生在课堂上的高度参与显然是高效教学的核心方面之一。如果学生不积极参与，他们就几乎没有机会学到课堂上的知识。利用本书中提出的实用性建议，每位教师都可以创造一个课堂环境，让学生对以下四个问题产生积极应答，让学生参与变成一种课堂常态：

·我感觉如何？　　·我感兴趣吗？　　·这重要吗？　　·我能做到吗？

本书阐述了教学视角的根本性改变。"我感觉如何"关乎学生情感，"我感兴趣吗"关乎课堂吸引程度，这两个问题和专注力有关。"这重要吗"探讨学生如何将课堂目标与个人目标联系起来，"我能做到吗"说的是如何培养学生的自我效能感，这两个问题涉及长期的课堂参与，对这两个问题的解决，也为教师、学校开辟了新的教学视角。除了专注于教授学生学术内容，教师还应让学生意识到，他们认为什么是重要的，以及他们的思维模式如何对他们的生活产生积极或消极的影响。这种意识可以帮助学生学到更重要、更具影响力的知识。

作者简介：

罗伯特·J.马扎诺博士，美国教育界专家，马扎诺研究中心联合创始人兼首席执行官，著名演讲者、培训师和作家。他将最新的研究和理论转化为课堂实践，在国际上广为人知，并被教师和管理人员广泛应用。

黛布拉·皮克林博士，马扎诺研究中心高级学者，致力于为众多学校和地区提供教育咨询。作为一名课堂教师、教育界领袖和学区行政管理人员，皮克林博士在其整个教育生涯中获得了丰富的实践经验。

塔米·赫夫尔鲍尔博士，马扎诺研究中心副总裁，同时也是一名教育顾问。赫夫尔鲍尔博士在密苏里州堪萨斯城开始了她的教学生涯，后来搬到内布拉斯加州，在那里获得了地区杰出教师奖。

你的第一年：
新教师如何生存和发展

ISBN 9787515351599

作者：（美）托德·威特克尔

玛德琳·威特克尔

凯瑟琳·威特克尔

出版时间：2018.8

定价：33.80元

★ 编辑推荐

◆《中国教育报》"教师喜爱的100本书"、教育新闻网"影响教师的100本"获奖作者全新巨献

◆ 美国专业教师培训指南，为新教师职业发展提供详细指导

◆ 帮助新教师快速适应教师角色，轻松应对挑战，掌握高效教学策略

◆ 一本详细而贴心的教学参考指南，在教师为开学做准备时，为教师提供参考，在教师遇到某个挑战时，随时为教师提供帮助

★ 内容简介

本书为教师提供了教学成功的基本技能！在本书中，国际知名教育家托德·威特克尔、玛德琳·威特克尔以及凯瑟琳·威特克尔分享了他们的教学建议和灵感，一步一步地指导教师轻松应对挑战，掌握高效教学策略，其中包括：

· 学习课堂管理技能

· 布置教室以及建立课堂规则和规程

· 计划高效课堂，让教学实践变得极具吸引力

· 在课堂上管理好自己的情绪，有效处理学生的错误行为

· 构建和同事、领导、学生家长相互支持和协作的良好环境

本书充满了适用于小学、初中、高中课堂的具体而生动的教学示例，因此无论你教的是哪个年级、哪门课程，你都会收获实用的教学策略。你还将学会：当事情没有按照计划进行时，如何调整和重新开始。

在你的教学生涯中，并不是每件事情都会很完美，但是本书中的练习建议将帮助你保持动力并走向成功。